U0830539

乡村产业业态创新

研究与实践

XIANGCUN CHANYE YETAI CHUANGXIN
YANJIU YU SHIJIAN

周 琼 著

中国农业出版社
北 京

前　言

FOREWORD

党的十九大报告首次提出乡村振兴战略，指出农业农村农民问题是关系国计民生的根本性问题，必须始终把解决好“三农”问题作为全党工作的重中之重，实施乡村振兴战略，促进农村一二三产业融合发展。同时提出了20字方针，即产业兴旺、生态宜居、乡风文明、治理有效、生活富裕。产业兴旺是乡村振兴的重要基础，是解决农村一切问题的前提。在经济步入新常态，新旧动能接续转换的关键期，积极培育新产业、新业态，使之成为新的增长引擎，使传统动能焕发新活力，既是主动顺应变革的时代要求，也是实现稳增长、调结构双赢的有效途径，农村新业态已成为农村经济发展新动能。乡村产业业态创新就是拓宽乡村产业发展业态，形成现代种养业、乡土特色产业、农产品加工流通业、休闲旅游业、乡村新型服务业、乡村信息产业等业态“百花齐放”的状态。

我国台湾地区新产业新业态发展起步较早。从1989年起，在乡镇中挖掘具有当地特色的产业及产品，以“一乡镇一特色”为发展目标（简称OTOP，One Town One Product），由辅导团队的协助，用知识经济的概念，以创新、创意和品牌提高产品的附加价值，培育人才，创造当地的就业机会，有效地与当地生态、观光、节庆相结合，形成更有规模且可永续经营的经济体。自2001年起，陆续推动多项农业转型政策，如“一乡镇一农渔园区”计划，共核定48处休闲园区的筹设与兴建，并开放休闲农场和休闲农业区内的农舍经营民宿，当地政府提供经费协助休闲农业区的公共设施建设，休闲农业已成为台湾地区农业发展的亮点。台湾自2008年开始实施“精致农业健康卓越方案”，发展健康农业、卓越农业、乐活农业，注重农业与旅游、文创、信息等产业的融合来拓展农业的内涵和外延，在提高农产品附加价值、促进农民增收上取得良好成效。台湾地区在乡村产业业态创新上取得一定经验，可供参考。

福建省乡村产业以农业和乡村旅游为主，乡村产业异业联盟以“农业+”为链接节点，以乡村旅游为主要方向，逐步展现出应有的活力。茶产业是福建省分布最广、涉及人口最多、惠及面最广的涉农产业，也是福建省重要的特色优势产业。各地乡村产业业态创新尤其是茶产业业态创新有各自的做法与经验。

为此，本书从理论、台湾实践、福建实践三个篇章，结合多年赴台湾调研的实际，探索乡村产业业态创新的理论和实践。

在理论篇中，介绍乡村振兴战略与农村新产业新业态，并对业态创新进行概述，重点阐述乡村产业业态创新的内涵与作用、模式与特征、路径及动力机制与驱动因素。

在台湾实践篇中，以大量的案例详细分析稻米产业、茶产业、生态产业、果业和地方特色产业等新产业新业态的发展，剖析休闲观光牧场、花卉文化季、农产品加工带动型业态、花卉园艺休闲农场等业态创新的做法与经验。

在福建实践篇中，重点剖析茶产业新业态发展，对“农业+”异业联盟发展进行案例分析与总结，并以闽东、福州市、建宁县为例阐述各地乡村产业业态创新的做法与经验。

本书是福建省公益类科研院所基本科研专项《台湾乡村产业业态创新发展及借鉴研究》和农业高质量发展超越“5511”协同创新工程——福建省乡村振兴高端智库子项目《福建省乡村产业融合发展研究——以闽东为例》等的研究成果。书中的图片均为作者原创。若有不当之处敬请指正！

目　录

CONTENTS

前言

第一篇
理论概述

第一章　乡村振兴背景下的产业业态创新理论　/ 3

一、乡村振兴战略与农村新产业新业态　/ 3
二、业态创新概述　/ 5
三、乡村产业业态创新　/ 6

第二篇
台湾实践

第二章　台湾地区稻米产业业态创新发展　/ 15

一、台湾稻米产业新业态案例　/ 15
二、台湾稻米产业业态创新的路径　/ 21
三、台湾稻米产业业态创新的机理　/ 24
四、台湾稻米产业业态创新的经验与借鉴　/ 26

第三章　台湾茶产业业态创新　/ 32

一、产业概况　/ 32
二、茶产业业态创新　/ 33
三、经验与启示　/ 39

第四章　台湾生态产业新业态案例分析　/ 43

一、案例概述　/ 43
二、做法与经验　/ 47
三、启示　/ 54

第五章　台湾花卉文化季案例分析　/ 57

一、发展历程　/ 57
二、做法与经验　/ 61
三、启示　/ 67

第六章　台湾果业新业态案例分析　/ 70

一、案例概述　/ 70
二、做法与经验　/ 73
三、启示　/ 78

第七章　台湾休闲观光牧场案例分析　/ 81

一、案例概述　/ 81
二、做法与经验　/ 83
三、启示　/ 89

第八章　地方特色产业新业态案例分析　/ 91

一、南投埔里茭白笋产业　/ 91
二、田尾公路花园　/ 93
三、姜麻园休闲农业区　/ 98
四、太麻里金针山休闲农业区　/ 102
五、小半天休闲农业区竹（炭）产业　/ 106
六、台南天埔社区丝瓜产业　/ 109

第九章　农产品加工带动型业态案例分析　/ 113

一、瓜瓜园甘薯产业　/ 113
二、微热山丘土凤梨产业　/ 117
三、屏东归来牛蒡产业　/ 122

第十章　花卉园艺休闲农场案例分析　/ 125

一、案例概述　/ 125
二、做法与经验　/ 127
三、启示　/ 133

第三篇
福建实践

第十一章　福建省茶产业业态创新研究　/ 137

一、茶产业概述　/ 137
二、做法与经验　/ 138

三、主要问题 / 143
四、对策建议 / 144

第十二章 福建“农业 +”异业联盟发展 / 148

一、做法与经验 / 149
二、制约因素 / 153
三、对策建议 / 155

第十三章 闽东乡村产业业态创新 / 159

一、发展现状 / 159
二、主要问题 / 165
三、对策建议 / 167

第十四章 福州市乡村产业业态创新案例分析 / 171

一、选取案例的现状 / 171
二、主要问题 / 174
三、对策建议 / 176

第十五章 建宁县乡村产业业态创新案例分析 / 178

一、发展现状 / 178
二、案例比较与分析 / 180
三、对策建议 / 184

第一篇
理论概述

第一章 乡村振兴背景下的产业业态创新理论

一、乡村振兴战略与农村新产业新业态

2017年中央1号文件提出深入推进农业供给侧结构性改革，加快培育农业农村新动能，特别是通过发展壮大农村新产业新业态来提高农业供给质量。2017年10月18日，党的十九大报告首次提出乡村振兴战略，指出农业农村农民问题是关系国计民生的根本性问题，必须始终把解决好“三农”问题作为全党工作的重中之重，实施乡村振兴战略，促进农村一二三产业融合发展。同时提出了乡村振兴战略20字方针，即产业兴旺、生态宜居、乡风文明、治理有效、生活富裕。这也对农村新业态发展提出了更高的标准和要求。“产业兴旺”要求农村新业态提高创新力、竞争力和生产率，实现健康有序、高质量发展；“生态宜居”要求农村新业态在发展中，要坚定践行习近平总书记“两山”理念，正确处理开发与保护的关系，凸显新业态的生态优势；“乡风文明”则要求农村新业态发展，既要诚信经营，也要立足区域特征，传承发展提升农村优秀传统文化；“治理有效”要求农村新业态发展既要壮大集体经济，促进农村基层党组织建设，也要带动返乡农民工就业，缓解农村留守儿童、留守老人问题；“生活富裕”要求农村新业态发展要坚持农民主体地位，把维护农民群众根本利益、促进农民共同富裕作为出发点和落脚点[1]。

2018年中央1号文件进一步明确了实施乡村振兴战略的总体要求与重

点任务，并提出产业兴旺是重点，培育乡村发展新动能；也提出要“构建农村一二三产业融合发展体系”“延长产业链、提升价值链、完善利益链”等意见，指导农村现代新业态的发展。《乡村振兴战略规划（2018—2022年）》提出把握城乡发展格局发生重要变化的机遇，培育农业农村新业态。2018年3月8日，习近平总书记提出乡村“五个振兴”的科学论断，即产业振兴、人才振兴、文化振兴、生态振兴和组织振兴，这是总书记对实施乡村振兴战略目标和路径的明确指示。产业振兴是乡村振兴的物质基础，因为产业是发展的根基，产业振兴，农民收入才能稳定增长；人才振兴是乡村振兴的关键因素，要培育高素质农民，加强农村专业人才队伍建设，吸引更多人才投身乡村建设；文化振兴是乡村振兴的底蕴基础，中华文明根植于农耕文化，乡村是中华文明的基本载体；生态振兴是乡村振兴的持续基础，绿水青山就是金山银山，要坚持人与自然和谐共生；组织振兴是乡村振兴的保障条件，决定着乡村治理能力和内生发展能力。

2019年中央1号文件要求坚持农业农村优先发展总方针，充分发挥乡村资源、生态和文化优势，发展壮大乡村产业，特别要发展适应城乡居民需要的休闲旅游、餐饮民宿、文化体验、健康养生、养老服务等产业。2019年5月，《中共中央国务院关于建立健全城乡融合发展体制机制和政策体系的意见》提出，健全乡村旅游、休闲农业、民宿经济、农耕文化体验、健康养老等新业态培育机制。2019年6月，《国务院关于促进乡村产业振兴的指导意见》提出充分挖掘乡村多种功能和价值，延长产业链、提升价值链，加快构建现代农业产业体系、生产体系和经营体系。跨界配置农业和现代产业要素，促进产业深度交叉融合，形成“农业+”多业态发展态势。推进规模种植与林牧渔融合，发展稻渔共生、林下种养等。推进农业与加工流通业融合，发展中央厨房、直供直销、会员农业等。推进农业与文化、旅游、教育、康养等产业融合，发展创意农业、功能农业等。推进农业与信息产业融合，发展数字农业、智慧农业等。

2020年中央1号文件提出加强农产品冷链物流统筹规划、分级布局和标准制定，并依托现有资源建设农业农村大数据中心，加快物联网、大数据、区块链、人工智能、第五代移动通信网络、智慧气象等现代信息技术在农业领域的应用。

2021年11月17日，农业农村部发布《关于拓展农业多种功能　促进乡村产业高质量发展的指导意见》，提出农业多种功能要充分发掘，乡村多元价值多向彰显，发展形成以农产品加工业为“干”贯通产加销、以乡村休闲旅游业为“径”融合农文旅、以新农村电商为“网”对接科工贸的现代乡村产业体系。

2022年中央1号文件指出持续推进农村一二三产业融合发展，鼓励各地拓展农业多种功能、挖掘乡村多元价值，重点发展农产品加工、乡村休闲旅游、农村电商等产业。

2023年中央1号文件提出培育乡村新产业新业态，实施文化产业赋能乡村振兴计划、乡村休闲旅游精品工程、“数商兴农”和“互联网+”农产品出村进城工程，鼓励发展农产品电商直采、定制生产等模式，建设农副产品直播电商基地，提升净菜、中央厨房等产业标准化和规范化水平，培育发展预制菜产业。

综上所述，产业兴旺是乡村振兴的重要基础，是解决农村一切问题的前提，农村新业态成为农村经济发展新动能。

二、业态创新概述

业态，泛指业务经营的形式、状态，起源于日本《连锁经营理论与实践》。随着经济发展和技术进步，业态所涉及的领域不断拓展，并逐渐从营业形式向经营形态，乃至企业层面和产业层面延伸[2]。目前学者们认为业态为产业活动的存在形式、类型、状态，是产业发展阶段和层次的外化体现，内容覆盖全部产业过程。产业业态的推陈出新、新业态的发展演变，是产业转型升级的重要途径。

业态创新是在产业发展过程中，运用新的经营理念、技术、方法和手段，激活和优化配置资源，创新运作模式，孕育新的产业，实现价值链分解与重新组织，提升资源价值的创造能力[3]。

目前业态创新研究领域主要集中在零售业、数字产业、文化创意产业和旅游产业等，学者们从主要特点、内在机理、创新路径、创新过程等方面进行探讨[2]-[7]。徐运保等认为产业业态创新已出现多样化、一体化、融合化和高级化等特点，可以通过传统业态分解、提升技术及应用水平、催生全新业态、融合发展等方式培育和发展新业态，也可以不断改变原来的单一业态，向产业链上下游延伸拓展，并通过外延式扩张发展相关业态，逐渐转变为全产业链一体化经营业态和生态化一体化经营业态，还可以通过“文化+”“互联网+”以及跨界并购、企业合作等方式，创造出新的跨界创意产业[3]。刘晓英认为业态创新是引领旅游业融合发展的第一动力，旅游新业态创新表现出较强的时代性、创新性、动态性和科技性，同时呈现传统要素创新化、业态融合化、产业生态化、模式定制化与规模化的发展趋势，市场需求推力、合作竞争压力、技术创新拉力以及政府引导力有效推动了旅游新业态的创新发展[5]。业态的创新过程需要市场创新、技术创新、生产经营方式创新、组织创新、供应流通渠道创新、制度创新等组成的一个完整的系统（张文建，2011）[6]；业态创新路径包括从企业内要素的整合到企业间要素的协同，结合价值创造流程创建企业开放式创新生态网络，以企业自主创新撬动产业形态变革和产业结构升级（雷瑾亮，2013）[2]；解学芳等（2021）认为5G+AI技术群（数据驱动、算力驱动、场景驱动）成为主导文化产业业态创新的内在机理[7]。

三、乡村产业业态创新

乡村产业根植于乡村，以农业农村资源为依托，以农民为主体，以农村一二三产业融合发展为路径，地域特色鲜明、创新创业活跃、业态类型丰富、利益联结紧密，是提升农业、繁荣农村、富裕农民的产业[8]。

在经济步入新常态，新旧动能接续转换的关键期，积极培育新产业、新业态，使之成为新的增长引擎，使传统动能换发新活力，既是主动顺应变革的时代要求，也是实现稳增长、调结构双赢的有效途径，并具有重要的现实意义。业态创新就是拓宽乡村产业发展业态，形成现代种养业、乡土特色产业、农产品加工流通业、休闲旅游业、乡村新型服务业、乡村信息产业等业态“百花齐放”的状态。

（一）内涵与作用

随着乡村产业业态创新、农业新业态、农村新业态等提法不断涌现，对业态创新等概念、内涵尚未有明确的界定。“新”是相对概念，主要表现为新技术发展、多功能拓展以及新要素价值的凸显[9]。戴天放（2014）认为农业业态是对农产品（服务）形态、农业经营方式和农业经营形式的一种综合性描述，农业新业态则是为了满足新的消费需求而产生的超越传统农业的新型农业产业业态[10]；田伟利等（2015）认为新业态最关键的内涵是创新和融合，侧重指在新条件、新要求、新目标下，通过农业产业间及其与其他产业间的融合，创新农业经营形态和组织方式，生产新型农产品，得到农产品的新价值[11]；陈慈等（2018）认为农业业态是指农业产业组织为适应市场需求变化，将生产经营所涉及的多元要素进行组合而形成的不同农产品（服务）、农业经营方式和农业经营组织形式所呈现的形态[12]。李庭筠等（2020）将农村新业态定义为在农村地域范围内，由传统单一的农业生产与销售向一二三产业融合发展的新型产业组织形态，是农业产业链条延伸后的生产、加工、物流、仓储、营销等多种新业态的融合[13]。孙绍勇等（2023）认为乡村经济新业态是指基于社会多元化、多样化、个性化的产品或服务需求，依托技术创新和应用，从现有产业和领域中衍生叠加出的新环节、新链条、新活动形态[14]。

综上所述，乡村产业新业态的概念比农业新业态更广泛，涵盖发生在农村地域范围内的多种产业业态的创新和融合发展。乡村产业业态创新是现代生产技术及管理要素与传统的产业体系深度融合和创新的产物，遵循着一二三产业融合、产业链延伸、农业多功能拓展的创新路径和生成机理，通过要素跨界配置、产业跨界重组、主体跨界联合，导致产业边界消失，促进产业深度交叉融合，实现产业整体重构，推动“农业+”多业态发展，创造出新产品、新服务供给和增量效益[12][15]。乡村产业新业态包括农业与信息产业、农业与文化产业、农业与旅游业、农业与工业的相互融合，不断创造出多种多样的新产业、新业态，如休闲度假、旅游观光、养生养老、农耕体验、农业创意、乡村手工艺、共享农业、体验农业、创意农业、中央厨房、农商直供、数字农业、农产品直播带货、会展农业、生物农业、智慧农业、订单农业、功能农业、阳台农业、认养农业、植物工厂、市民菜园（社区支持农业）等产业，已成为繁荣农村、富裕农民的新产业。乡村产业业态创新是现代农业农村转型升级的必由之路，已成为农村经济发展的新动能。

当前，各地以乡村新产业新业态新模式为引领，促进农业“接二连三”或“隔二连三”，实现产业链相加；通过质量品牌提升一次增值、加工包装二次增值和物流销售三次增值，实现价值链提升；通过休闲旅游、产销直供、消费体验和个人定制等，实现供应链相通，形成前后相连、上下衔接的庞大产业集群；通过广泛应用信息技术和电商平台，发展“农场云”“体验式农业”“节会农业”“掌上牧云”等新模式，使生产、经营、商品、交易、贷款、支付、理财等有机连接，实现精准生产、透明生产，降低了中间环节费用，做到了全程网上监管[16]。种类繁多的乡村产业新业态，其中如休闲农业、农产品电子商务等，已经成为推动我国现代农业发展的新亮点，巨大发展潜力已显端倪，有的则在积极探索之中。

（二）模式与特征

学者们对乡村产业新业态的分类略有不同，但最终均可概括为五种模式[12][17]-[20]：一是服务型乡村产业新业态，主要受市场消费需求的驱动，以发挥乡村产业的服务功能为主，推动乡村产业由一产向三产转变，通过产业链的横向拓宽，产生了休闲农业、乡村旅游、会展农业、景观农业、创意农业、阳台农业等。二是创新型乡村产业新业态，主要受技术创新驱动，以现代生物技术、信息技术等为代表的高科技向第一产业渗透，衍生出生物农业、智慧农业、农业大数据应用等。三是社会化乡村产业新业态，主要受社会分工细化以及新的社会组织方式的变革等影响，衍生出农业众筹、订单农业、社区支持农业、农村养老服务业、农业社会化服务业、农产品私人定制、CSA农场、有机农夫市集、消费者合作社等。四是综合型乡村产业新业态，是现代技术集成应用衍生出现的，如现代种业、工厂化设施农业、植物工厂、智能温室农业等。五是内部融合型乡村产业新业态，是种植业、水产养殖业、畜牧业等农业内部子产业之间或子产业内部细分的产业之间发生融合，如生态农业、循环农业等。

乡村产业业态创新，最突出的特征为技术创新、功能拓展以及要素渗透[17][18][20][21]，表现出独特性、融合性、多样性和创新性的特征[22]，因而成长性好、附加值高、引领性强[23]。通过不同行业之间的融合，这使得乡村产业新业态具有高度融合的特征，与其他产业的关联性强，附加值高。通过创新的理念、革新的技术，产生了新产品、新技术、新服务，再造了传统产业发展的新优势，产业引领性突出。通过对第一产业功能的拓展，促进农业由单一的提供产品向提供服务、由一产向三产转变。农业的“三产化”特征突出，服务化特征趋强。

（三）路径

学者们认为，推动乡村产业业态创新的首选路径是宏观经济路径即产业融合，将传统农业“接二连三”。由于技术进步和制度创新，农业内部产业之间、农业与高新技术产业或传统的二、三产业的界限日渐模糊，产业交叉处产生了技术融合、模式融合与市场融合等，改变了原有产业产品的特征和市场需求，进而影响到产业中的企业之间的竞争与合作关系，从而使原有的产业界限模糊化甚至被重新划分[10]。其次是中观产业路径即重点培育一批能带动农民致富和符合市场需求的重点产业，进而循序渐进地形成农村产业融合的前后响应、上下衔接的庞大产业群，如休闲农业、会展农业、创意农业等。最后是微观链条路径即培育农业产业新链条，主要包括“种养加销旅”五大环节，进一步完善这条产业链需要完善各环节自身内容，同时还需要把各自为战的若干环节紧密连接起来，形成一个完整的利益共同体，并一直延伸开发，不断拉长产业链条[19][24]。

（四）业态创新的动力机制与驱动因素

围绕业态创新的探索实践，很多学者针对某个具体新业态的动力机制与驱动因素等进行了研究，如乡村数字经济新业态、乡村文旅新业态、创意农业业态、农村电商等。学者们从宏观、中观和微观层面上进行分析[22][25][26]。

宏观层面包括经济和政策因素。从党的十九大报告作出实施乡村振兴战略的重大决策之后，中共中央、国务院陆续出台了一系列的重大政策措施，持续发布有关“三农”问题的中央1号文件，目前乡村产业业态创新在国家政策层面受到前所未有的关注，这些政策既为乡村产业的建设和发展指明了方向和路径，又为加速推进乡村振兴提供发展保障，国家政策是乡村产业业态创新的指挥棒。新兴产业的发展离不开政策法规的支持，特别是农地使用优惠、信贷优惠、税收优惠、财政补贴和知识产权保护等。各级地方政府应高度重视，把乡村产业新业态作为农村战略性新兴产业进行培育、支持，在财政资金和税收优惠方面给予相应倾斜。而且，政府要以良好的公信力，引导社会资本参与农业新业态的创新、发展、壮大的全过程，发挥有为政府的积极作用。

中观层面的演进动力来自产业转型和升级，而产业转型和升级的外源动力来自社会生活需求，内源动力来自企业间的竞争与融合。产业业态演化与人类需求具有强相关性，市场需求的变化使一些业态被新的业态取代，朝更能满足当前和未来消费者需求的方向发展；企业间的竞争与融合两股力量持续作用下，各种业态不断发生变化，这种变化的累积最终推动新业态的产生，使业态从单一向多样转变，由低级向高级演进。

微观层面的力量来自企业，产业内企业的技术创新、学习、经营管理模式和人才储备是业态演进的基本动力。技术创新和文化创意被认为是新经济增长的“车之双轮，鸟之双翼”[22]。以现代工程技术、信息技术、新材料技术和生物技术为代表的高新科学技术，具有强大的扩散性和渗透性特征，一旦产生，便迅速向其他产业扩散和渗透，与原有产业产生技术融合，有效改善产品和服务的功能结构，让消费者得到更多的使用价值。文化创意为产品和服务注入观念、感情和品位等文化因素，提升产品和服务的观念价值。文化创意与高新技术也会相互融合，进一步提升产品和服务的整体价值，为企业带来更大的利润空间。

参考文献

[1] 谢天成，施祖麟．农村新业态发展现状、问题与对策研究［J］.当代经济管理，2020（1）：41–46.

[2] 雷瑾亮，王海花，王延峰．融合生态学观点的业态与业态创新：兼论与商业模式的比较［J］.上海管理科学，2013（6）：50–54.

[3] 徐运保，曾贵．大数据战略下我国创意产业业态创新路径探索——基于新经济内涵嬗变视角［J］.理论探讨，2018（6）：108–114.

[4] 杨永芳，张艳，李胜新．新零售背景下实体零售数字化转型及业态创新路径研究［J］.商业经济研究，2020（17）：33–36.

[5] 刘晓英．产业融合视角下我国旅游新业态发展对策研究［J］.中州学刊，2019（4）：20–25.

[6] 张文建．市场变化格局下的旅游业态转型与创新［J］.社会科学，2011（10）：30–38.

[7] 解学芳，陈思函．5G+AI技术群驱动的文化产业新业态创新及其机理研究［J］.东南学术，2021（4）：146–157.

[8] 国务院.《关于促进乡村产业振兴的指导意见》（国发〔2019〕12号）［Z］.2019–6–28. https：//www.gov.cn/zhengce/content/2019–06/28/content_5404170.htm.

[9] 梁达．新产业、新业态孕育经济增长新动力［J］.宏观经济管理，2016（10）：22–24.

[10] 戴天放．农业业态概念和新业态类型及其形成机制初探［J］.农业现代化研究，2014（2）：200–208.

[11] 田伟利，宁碧波，吴冠岑．我国新型业态农业概念及发展路径的探讨［J］.农业经济，2015（1）：56–58.

[12] 陈慈，陈俊红，龚晶，等．当前农业新业态发展的阶段特征与对策建议［J］.农业现代化研究，2018（1）：48–56.

[13] 李庭筠，罗邱戈，张金萍，等．基于扎根理论的琼北火山地区传统村落新业态发展探讨［J］.自然资源学报，2020，35（9）：2079–2091.

[14] 孙绍勇，周伟．多元共生：乡村经济振兴的业态发展与结构优化［J］.理论学刊，2023（2）：24–34.

[15] 王石林生，陈爽，李丽群．多维创新驱动农村产业融合机理研究［J］.农业经济，2021（5）：25–28.

[16] 农业部农产品加工局.大力推进农村产业融合发展培育农村新产业新业态新模式[Z].2017-04-27.

[17] 尧珏，邵法焕，蒋和平.都市农业新产业和新业态的发展模式研究——以青岛市为例[J].农业现代化研究，2020（1）：55-63.

[18] 巩淼森.农业和乡村经济新业态与设计价值[J].装饰，2022（1）：26-31.

[19] 关鑫，姜文来，信军，等.乡村振兴背景下农业“新六产”理论与形成路径研究[J].中国农业资源与区划，2020，41（9）：19-27.

[20] 曾衍德.让农民在农村产业融合中受益[J].农村工作通讯，2019（15）：1.

[21] 雷鹏，周立.农村新产业、新业态、新模式发展研究——基于福建安溪茶庄园产业融合调查[J].福建论坛（人文社会科学版），2020（4）：172-181.

[22] 林炳坤，吕庆华.创意农业业态演化机理及其趋势研究[J].技术经济与管理研究，2020（4）：117-122.

[23] 陈慈，陈俊红，龚晶，等.农业新产业新业态的特征、类型与作用[J].农业经济，2018（1）：3-5.

[24] 梁瑞华.培育壮大农业新业态发展路径及对策研究[J].河南社会科学，2019（3）：115-119.

[25] 李丹，王珩.乡村数字经济新业态发展机理与路径研究[J].农业经济2023（4）：47-49.

[26] 王燕，隋普海，殷晓彦，等.乡村文旅新业态模式构建的影响因素分析[J].中国商论，2023（5）：29-32.

第二篇 台湾实践

第二章

台湾地区稻米产业业态创新发展

台湾地区从日据时期开始规模化种植水稻，稻米一直是台湾农村产业发展的重点，在21世纪精致农业的发展理念下，拓展稻米产业的多功能性，注重稻米产业经济和产品、环境与生态保护、文化传承与发展、休闲旅游与研学等多元化功能的综合开发利用，推动稻米产业与精深加工、流通、乡村旅游与农事体验、传统文化、文化创意、康养、信息、农机制造等产业的深度融合，实现了稻米产业的业态创新[1]。为此，梳理台湾稻米产业业态创新路径和特点，并总结其做法与经验，旨在为促进中国大陆乡村产业业态创新提供借鉴。

一、台湾稻米产业新业态案例

（一）创意农业

花东纵谷风景区位于台湾东部，南北绵延约180千米，是一片夹在岛上中央山脉和海岸山脉之间的冲积平原，可以说是贯通花莲和台东的“绿色走廊”，土壤肥沃、气候适宜、雨量充沛，适合优质稻米生产，是一个传统的稻米产区，在日据时代曾经是用来进贡日本天皇的御用米，故又称“皇帝米”。近年来，这个区域结合稻田景观，发展休闲创意农业（图2–1）。

1. 稻田表演

每年以不同的主题，邀请艺术家和明星等，以稻田为舞台进行表演，从而吸引旅客，带来商机。如台东池上乡在广告、媒体、艺术创作等方面的推动下，已成为当红的知名景点。从2009年开始创办池上秋收艺术节，经过十几年的营造景观和推广休闲项目，池上乡已形成春耕野餐节、夏耘米之乡宴、秋收艺术节、冬藏等四季节日，从原来的“空心村”和单纯的农产品生产地，变为每年能吸引约四五十万的游客前来观光旅游、观光业产值约7亿新台币、全息化体验稻米魅力，集观光、休闲和教育功能于一体的“稻米之都”。而193农青禾音乐埕则在193县道（位于花莲玉里境内）举办大型嘉年华会，以纵谷山脉为背景，以水田为舞台，邀请明星来表演水田音乐会，玉里、富里、瑞穗特色店家摆摊，并展示以前农具，让大家体验传统农村生活。

图2-1　花东纵谷的稻田

2. 稻田割样

用麦田圈方式，在稻田中放样割出来一定的图案，代表某种图腾。如2013年齐柏林导演在电影《看见台湾》中，在花莲玉里稻田中放样割出来9个大脚印，鼓励大家要脚踏实地，向前迈进，共同创造美好环境；而《远见》杂志2015年10月封面“新台湾之光”，则是在花莲玉里稻田中割出一个以锄头为双脚、展开双臂、散发光芒的小光人图案，象征着为台湾地区加油。

3. 稻草艺术

根据不同的主题，用稻草创作成各种动物，如花莲县丰滨乡新社梯田，居民每年都创作稻草人吸引无数游客，2016年东海岸艺术祭以“土地上的快乐”为主题，用田中的泥土、稻草和稻谷创作章鱼；2020年花莲富里乡稻草艺术节用稻草创作成各种动物，整个稻田成为一座大型的稻草动物园。

4. 稻田彩绘

运用不同颜色的水稻，按设计好的图案在田里种出彩色图形字样。花莲玉里镇从2016年开始每年都利用玉里熊赞吉祥物的元素，以不同的主题打造稻田彩绘，宣传推广台湾黑熊故乡在花莲玉里与无毒稻作；宜兰冬山乡三奇村稻田彩绘则以“幸福冬山，良食大道”“稻间美径”的主题突显水稻和九个S形弯道的稻间美径元素；屏东的稻田彩绘则是各种可爱的动物图案。

（二）休闲农业

1. 稻作体验

把校园当农园，从小培养学童食农教育能力。如台湾百大特色小学彰化二林镇香田小学是各大中小学校学生体验农村生活的基地，校园旁有生态田，学生要下田插秧和养鸭；台南官田小学成立校园农场，学生从插秧、抓虫、施肥、除草一直到收获都要参加劳动，每年毕业季，六年级孩子亲自烹煮谢师宴。

台南后壁菁寮无米乐社区现已成为农家生活的体验博物馆，坐牛车、彩绘斗笠、下田割稻、住传统三合院民宿、品尝传统农村割稻饭，漫游菁寮老街的老店铺，以农村体验方式探索农村生活、产业、文化及生态（图2-2）。

图2-2　台南后壁菁寮无米乐社区

2. 观光工厂、酒庄和米店（行）

台湾曾经碾米厂和粮仓林立，它们见证了稻米产业发展历程，目前很多老碾米厂和粮仓已被改造成稻米观光工厂。这些观光工厂既是博物馆、文化馆，也是美食馆，将稻米二级制造业与休憩观光的三级服务业融合，可以看米、听米、吃米、玩米、买米，通过犁锄耕具、碾米机具的展示和DIY体验活动，介绍水稻种植技术，动手体验稻米从稻谷、粗糠、糙米到白米的碾制过程，以及销售各种米食制品。台湾有很多稻米观光工厂，如台湾谷堡、池上乡碾米厂、米国学校、一米特观光工厂、虎牌米粉观光工厂等，各具特色。

池上饭包文化故事馆是一个美食与文化结合的互动体验式的博物馆，是饭包文化的一种创意饭馆，不仅推广米食文化，也增加了池上饭包的趣味性与故事性。设有历史文化、农田农具、稻米文化及古早饭包等展示区，以及两节火车餐厅的就餐区（图2-3）。

图2-3 池上饭包文化故事馆

雾峰农会酒庄由闲置的旧谷仓改造而成，开发香米文化产业，分为香米米藏、清酒酒藏（酿酒区）及万丰谷仓、阿罩雾柑仔店等区域，以雾峰香米为主要原料生产清酒系列酒品，并利用酒粕研发出酱油清、酱油膏等多种食材酱料和面膜、手工皂等美妆护理产品（图2-4）。

图2-4 雾峰农会酒庄

台南晋发米谷商店不仅销售各种稻米，也展示旧时的大型碾米机和碾米器具。

（三）会展农业

举办各种以稻米为主题的特展，介绍稻米营养、产销过程、米食文化及稻米的未来等，展示农村生活文物。如每年秋季，台湾农会举办的“优质台湾米博览会”，是台湾地区稻米产业界的年度盛事；2018年高雄科工馆“米特展”、2019年台北“做伙来呷饭”米嘉年华、2019年彰化县“稻浪米文化、话说台湾米”特展、2019年台东“稻亦有道、与米对话”文物特展等。

（四）智慧农业

台湾的稻米种植生产储藏过程从整地、育苗、插秧、田间管理、收割、干燥乃至储藏等分工精细，目前水稻秧苗搬运、直播、病虫害管理、巡田、水分与肥培管理、收割与仓储等，已导入智慧化技术成果，在生产端、运营端、营销端、物理终端以及数据端实现全产业链创新，如寿米屋，有稻米产销专业区及逾700位契作农民，近年来导入生产端、加工端及销售端的专家决策系统，通过大数据可演算出相对应的经营决策（图2-5）。

图2-5　花莲稻米的低温干燥与加工系统

（五）品牌营销

掌生谷粒经销台湾各地的优质米，运用网络链接、多文本特性，通过大量的影像、文字素材，以说故事的方式销售稻米及其他农产品。围绕稻米，通过跨界融合、文化创意元素融入、网络品牌营销，打造网络原生农业品牌，提供多元体验方式。

二、台湾稻米产业业态创新的路径

基于产业的互动融合，将传统稻米种植产业通过“接二连三”成为推动稻米产业业态创新的首选路径。

（一）产业链延伸延长

稻米的第一产业就是水稻种植，包括整地、育苗、插秧、田间管理、收割、干燥乃至储藏等。水稻种植是初始产业或基础产业，一切后继的活动都是在水稻种成的基础上进行的。第一产业本身具有多功能性，如水稻种植可以收获稻米提供食物，形成的稻田风光具有生态、教育、观光功能等。第二产业就是稻米产品的加工，包括传统米食制品、新兴米制品及其衍生物的生产，如开发米制食品、米酿造产品、米蛋白、米淀粉及米糠加工产品等，以及对白米、碎米、米糠、米胚等副产品进行加工利用与功能性物质萃取。第三产业包括稻米产品的销售、服务、休闲、教育、文化创意等。

一二产业融合即农业与加工业的融合，采用先进的工业化理念、科学的包装保鲜技术、先进的技术设备和加工工艺，使经过精深加工后的稻米产品及其衍生产品具有更高的附加值，并提升产品质量。

一三产业融合是指农业与销售以及休闲农业、体验农业等三产的融合，在稻田风光的基础上，再通过稻田彩绘、表演、割样、创意和稻草艺术等方式，让人在感受田园风光的同时还能欣赏艺术，如池上秋收艺术节、花莲富里乡稻草艺术节、花莲玉里黑熊彩绘等。

二三产业融合，就是稻米加工和服务业的融合，活化利用旧谷仓和碾米厂，体验制米与玩米，如池上饭包文化故事馆、雾峰农会酒庄等。

一二三产业融合模式就是通过一产向二三产业的自然延伸，是产加销、农工贸一体化的产业链延伸模式，如以稻米为主题的观光工厂就是典型的融合了第一产业、第二产业和第三产业的资源，集种植、加工、教育、休闲及销售为一体，是创意、文化与生产制造最好的结合体，融入了知识教育、文化体验、设计美学和娱乐价值等诸多元素[2]，是产业转型升级的一个成功案例，比如台湾谷堡、米国学校、池上乡碾米厂等。

稻米产业已将第一产业向第二产业和第三产业延伸，延长了产业链，突破了传统稻米产业边界，形成生产-加工-销售-服务-管理等一体化的发展体系，有效降低稻米生产成本，使稻米的价值链得以提升，从而提高稻米的附加值。还可以使经营主体试产试制和加工的产品差异化、多样化，树立品牌形象，为消费者提供全方位的服务，满足多元化的消费需求[3]（表2-1）。

表 2-1　台湾稻米业态创新分析

路径	表现形式	业态	功能拓展	代表性案例
一产+三产	稻田表演	创意农业	休闲观光	池上秋收艺术节、193农青禾音乐埕
一产+三产	稻田割样	创意农业	宣传、休闲观光	电影《看见台湾》、杂志《远见》封面
一产+三产	稻草艺术	创意农业	休闲观光	花莲富里乡稻草艺术节、东海岸艺术祭——新社梯田“土地上的快乐”
一产+三产	稻田彩绘	创意农业	休闲观光、宣传广告	花莲玉里“天猫国际”彩绘和历年黑熊彩绘、宜兰冬山乡稻间美径彩绘、屏东国际彩稻艺术节
稻田+创意	稻田校巴	创意农业	休闲观光	台中外埔“忘忧谷”
一产+二产+三产	稻作体验	科普农业	研学教育、农事体验	彰化二林镇香田小学、台南官田小学
一产+二产+三产	农村生活馆	休闲农业	农事体验、休闲观光	台南无米乐
一产+三产	稻米产销专区	智慧农业	精准生产与管理、特色营销	寿米屋、二林
一产+二产+三产	观光工厂	休闲农业	工厂参观、文化教育、农事体验、游憩休闲、展示贩售、餐饮零售	台湾谷堡、米国学校、池上乡碾米厂、一米特

（续）

路径	表现形式	业态	功能拓展	代表性案例
二产+三产	酒庄、文化故事馆、米店	休闲农业	康养、文化传承、休闲、美食、销售	池上饭包文化故事馆、雾峰农会酒庄、台南晋发米谷商店
一产+三产	展览	会展农业	文化传承、科普教育	优质台湾米博览会、“稻浪米文化、话说台湾米”特展、“稻亦有道、与米对话”文物特展
一产+三产	营销品牌	创意农业	文化创意、产品营销	掌生谷粒、米圃、日光大稻、和气稻、模饭生小书包

（二）产业功能拓展

台湾地区充分发挥稻米产业的生态、文化、康养、教育、科普等多功能性，依托自然资源、民风民俗、特色产品等，加强稻米产业与旅游、文化、健康、教育、会展等横向产业之间的联动，促进稻米产业资源集约化使用，使稻米产业多功能开发成为新的利益增长点[4]。

水稻种植形成的优美的稻田风光，具有生态、教育、观光功能，再通过稻田彩绘、表演、割样、创意和稻草艺术等方式，让人在感受田园风光的同时还能欣赏艺术陶冶情操。稻米不仅是重要的食物，还是独特的文化符号，是一种特殊的农业产品，寄托着人们的许多情感。在人们物质需求基本满足后不再以解决温饱为依准，开始向精神需求过渡，通过“文化”的角度来消费食物，此时稻米产业已不仅是传统经济学者定义的“农业”，还是“文化产业”，文化贯穿了稻米从田间到餐桌的全过程[5]。稻米产业文化具有角色、情节、场景等主题故事元素的独特性，可形成各具特色的产业观光内涵。目前台湾地区稻米产业已产生十大效益：公平交易、友善耕种、提供就业、长者供餐、医疗接驳、学童辅导、急难救助、环境维护、社区团结和永续发展。稻米已成为“有文化底蕴的佳酿”，并且创造附加价值，形塑当代的美食文化、时尚文化与新城市美学[6]。池上乡每年能吸引约四五十万的游客前来观光旅游，观光业产值约7亿新台币。

三、台湾稻米产业业态创新的机理

（一）融入文化创意，满足消费者对产品的情感需求

稻米文化创意介入大众生活的方方面面，生活得以艺术地呈现，文创产品为大众提供了丰富多彩的物质与精神享受，且达到物质享受与精神享受的高度统一。稻米新业态将产品优势与历史、空间、生态、生命、生活充分融为一体，稻米不仅仅是米，更是台湾人活生生的日子与情感。在台湾稻米新业态中，将销售与文化有机融合，不仅能形成特色，让人很少感受到商业味，更多感觉到产品的故事和温度，也可以促进销售。如用有情的笔墨细致地描述稻米的种子、水源、仓储、加工，里面充满了耐人寻味的细节，让人感觉到了不易，感觉到了生长的艰难，从而对产品有了不言自明的信任。在产品应用推广上，将场景化的创意，通过产品名、产品文案再次进行触及灵魂的推广，如掌生谷粒销售的产品为“乡下味的米”，又细分为“长期饭票、阿罩雾米、劲风米、一齐米十三番、求真米（胚芽米）、藏玉米（糙米）、静农米、敬农米（糙米）、饭先生、地粮、新粮”等，还开发了“不愁米”“姨丈米”“达人205”“青春不愁米”等多款稻米产品，每一包米都有着奇特的名字和故事。文化创意还表现在包装、物料上，通过各类文案，从各个角度触及消费者的情感，这些文案富有哲理、对位生活，走的是服务关怀路线，稻米新业态不仅保留了中华传统文化之根，很多文案中西合璧，如台湾谷堡的“No rice，no life”和高雄米特展“Rice is life”，表达了稻米就是生活的哲理，说明稻米在生活中的重要性。稻米新业态注重趣味性和互动性，如米国学校、一米特、虎牌米粉、宜兰饼等观光工厂都有自己的吉祥物，这些吉祥物造型可爱，不仅是企业的LOGO，也是游客拍照的道具，能拉近与游客的关系。

（二）高新技术渗透，促进精准管理和产品多元化

稻米产业中融入农机制造和信息技术，进行产前、产中、产后的精准管理，通过信息及智慧化技术的运用，并配合田间传感器与农机具进行智

慧化田间管理，或搭配无人飞行载具进行作物影像侦测的管理技术，精准掌握田间植株状态，达到省工省时及农作物最大生产效益，如在稻田间装置微气象站及水田传感器，记录大气环境温湿度与光照，监测水位、土壤温度与酸碱度，并将数据连动到田间数位科技云端系统上，以及上传栽培管理纪录与巡田观察资料等，农民通过智慧手机实时管理自己的稻田，可以进行溯源系统等源头管理。销售端通过搜集市场反馈资料，对客户稻米品种偏好及未来可能购买需求、市场销量等进行分析，也量化契作农户的栽种能力，包括不同品种、质量等数据，通过这套顾客关系管理系统媒合客户需求与农民生产，以使农民生产的米能顺利找到喜爱其特色的客户，并进行计划性生产[7]。

针对消费者要求米制品口感、优质及安全，且具保健营养及药膳等多功能的目标，扩大稻米多样性的利用，农试所自2000年利用诱变育种及杂交育种进行米多用途品种的开发以来，现已研发出数种多用途米，包括具有保健营养效果或适合酿制的米种，如黄金米、巨胚米、酿酒米、香米、低蛋白质米、糯性米、半糯性米、紫香糯米及红糯米等米种。利用高新技术进行稻米加工产品开发，包括米制食品、米酿造产品、米蛋白、米淀粉及米糠加工产品等，原料除了白米外，也对碎米、米糠、米胚等副产品进行加工利用与功能性物质萃取，有除皱、滋润、护理、滋养、保湿、抗氧化、深层清洁、修护、控油等多项功能，研发多种优质的美容保养品，诸如米香胚美容皂、酒粕美颜皂、磨砂膏、精华液、乳液、酒粕面膜、米洗碗精、米防蚊液、米超灵油、米保湿面膜、米化妆水、米沐浴乳、米护发油、米洗发精、蜜粉及眼影等多种以米为原料的美容保养产品，通过精深加工升级农产品衍生产品，且产品种类众多，已将稻米精深加工做到极致[8]。

与此同时，也积极开发米食加工的多元化应用。已研发出可替代面粉的米谷粉，进一步开发新兴产品，如米面包、米蛋糕、米松饼及米馒头等产品。

（三）培育跨界联合主体，创新业态思维

稻米业态创新是由思维的创新带来的，主体往往是跨界联合，容易取得各种成就。如台东池上乡与台湾好基金会合作邀请云门舞集参加2013年

池上秋收艺术节，云门舞集创办人带领成员在池上采风体验半年并创作了舞蹈“稻禾”，该舞蹈在艺术节之后，又在全球巡演了100多场，成为云门舞集的代表作之一。池上旧谷仓改造成艺术馆，且获得“远东建筑奖：旧屋改造特别奖”首奖及业主奖。掌生谷粒的经营主体是摄影师和记者广告人出身，和台湾各地的优质米农户合作，运用网络超链接、多文本特性，通过大量的影像、文字素材，以讲故事的方式销售稻米及其他农产品，打造网络原生农业品牌，其独具散文诗样的文案和泥土稻香的设计获得了各种奖项，如网络人气卖家100强、台湾文创精品金奖、德国红点设计大奖、亚洲最具影响力设计大奖，以及日本Good Design设计奖。台南官田小学为推动“深度米食教育——看稻子长大”计划的先行学校之一，从播种到收成有完整的食育方案，规划设计了一系列课程，引导学生认识当地文化、食物及了解农业与自然的关系，培养学生对食物的意识、土地的情感，还纳入饮食伦理、正义及美学等内容，坚持十几年，他们的“食在幸福”团队以“官田乐活小奥利佛的餐桌翻转教育”为名称获得了台湾教育主管部门颁发的教学卓越奖，六年级学生创作的鸭间稻米绘本《鸭间稻的一生》获得农粮部门主办的台湾米绘本比赛第二名。

四、台湾稻米产业业态创新的经验与借鉴

（一）推广稻米产业文化并融入创意

水稻产业在台湾地区举足轻重，台湾当局为了稳定食米消费，保护当地稻米产业与文化，从1983年起大力推广米食，1992年起开始举办一系列发扬米食文化活动，从生产端至消费端多方着手，通过学校、家庭及社区的横向联结，提升消费者对稻米的认同、信赖与支持。一是米食文化内容丰富，涉及稻米种类、生产的整个过程、营养成分、烹调制作、对人体的好处、相关的节庆礼俗、所用的农具等方面。仅在米食营养与人体健康方面就做了大量的工作，如委托专家学者研究米食对人体健康的影响、米食对儿童行为的影响及营养午餐菜单设计与可行性的探讨等，以论证米食对人体健康、社会层面有实质的影响；举办米食与健康研讨会、米食健康原

理及烹调制作研习，倡导米食正确的价值观，同时以研习方式让学员实际参与米食烹调与制作，增进其对米食的喜爱，进而加以推广。二是米食文化推广方式多种多样，有米食文化比赛（包括作文、演讲、绘画、板报、歌曲、歌谣创作征选及诗歌朗颂、米食DIY、米产品创意等）、科学研究、现场活动（亲身体验）、食谱、教材、展示展览、平面媒体（报纸杂志、车体外广告、计算机广告牌及无线电视台）和电子商务（社群网站、博客、微电影）的广告和专访及营销等。以话题、故事或名人代言等模式，强化米食文化和新型米食加工制品的营销宣传，凸显产品特色及价值，吸引消费者关注及购买，进而拓展市场规模。三是米食文化推广对象是广大消费者，以学童为重点。通过各种亲子活动、学童米乡寻旅系列研习等，以轻松活泼寓教于乐的方式，促使消费者从小获得米食与健康的正确观念，增进对米食的重视与喜好，达到推广成效。四是运用各界资源，引领米食消费风潮。与米谷商业公会、制面公会、糕饼公会等单位结合，共同推动米食制品宣传活动及相关竞赛，如新产品发表、米面条创意竞赛、米烘焙制品创意竞赛、米月饼及伴手礼联合营销活动等，整合各界资源扩大推广的力度与能量，提升活动曝光度与消费者认同感。

经过30多年的米食文化推广，米食文化已深入台湾地区稻米生产和生活中，同时文化引领创意的方向，在传统稻米产业中加入创意，并以创意为核心，在项目开发、景观设计、产品生产、品牌营销等方面实现文化再生，适应精致消费、文化消费、象征消费时代的发展，引领产业创新。台湾地区擅长通过文化创意，以精致且细腻的手法创造农业产品的附加价值，向外输出文化，传递台湾当地生活的文化价值，既照顾到产地的“生意”使之生生不息，又传播农业产品形象，提升农业产品价值。

利用文化创意手段可以对现有资源进行附加生产与二次利用，使自然资源的利用率大幅提升[9]。文化创意将自身属性中独特的优势补给它所扶持的传统产业，帮助传统产业借助于新事物焕发新活力，文化创意是产业升级转型的新引擎。中国大陆农村有丰富的农耕文化、民俗文化、古迹文化、饮食文化等宝贵资产，但相对而言，传统文化资源的挖掘与开发力度不足，文化创意融合不足，同质化现象严重。因此应立足地方特色、环境特点、民俗特征，把原生态的、特色类的资源融入文化创意，按不同的手法打造，将这些沉睡多年的“死资产”变成可以创收的“活资本”[10][11]。在乡村产业的项目开发、景观设计上，有机统筹社会、自然、历史、环境等多重要素，保留乡村的传统文化和风土人情，还要引入城市的现代性，将特色文化与时尚元素结合起来，通过传统性与现代性的结合，将乡村的传统文化与城市的现代文化结合起来，围绕主题内容、乡村文化等设计出情节性和参与性更强的景观，在满足人们回归自然的需求的同时给予其优质的文化体验[12]，将文化创意植入产品、包装、空间等具体设计中，生产承载故事饱含情感的产品，让消费者感动，乐于购买这些好产品。

品牌营销，将单一的现场展示拓展至网络，以文字、图片、视频、音频相结合的展现模式，开展情景化、可视化销售等，从而提升对游客的吸引力，进而增加购买游客的满足感。

（二）财政补助推动稻米产业技术创新

台湾农业管理部门补助系列项目推动技术创新打造智慧农业。如水稻秧苗盘机械手臂取卸系统、无人机进行水稻铁粉直播、福寿螺清除机具、智慧水田监控管理系统、智慧化水分管理与精准用肥决策、褐飞虱智能化监测与警示系统、陆空协作的水稻最佳收获模式、智能防虫粮仓管理系统等，通过遥感监测技术、智慧器械、云端计算与信息等技术引领稻作生产智慧化与数字化服务，以获取较高的稻米生产利益，有效降低人力需求，提高稻米生产效率。

农业管理部门通过科技计划、产学合作计划等方式，委托高等院校及财团法人研究所开发米谷粉相关产品及量产技术，将米谷粉应用于制作面条、方便面及烘焙产品等。为促进新兴米谷粉制品量产推广，农粮部门多管齐下，鼓励厂商大量生产上市，提供业者量产制程辅导、辩理技术讲习、说明会及推广会，推动CAS米食加工制品认证标章，以优惠价格提供加工用原料米（粳米），甄选合格厂商磨制米谷粉，提供下游价格稳定的米谷粉原料，辅导加工业者以添加米谷粉的方式，开发各式各样以往所想象不到的全新米制产品，不仅从传统走向创新，更让米制食品成为消费者的新选择[13][14]。

在育种方面注重稻米加工方向上的品种开发，农试所自2000年利用诱变育种及杂交育种进行多用途稻米品种的开发，现已研发出数种稻米。

技术创新对农村产业的变革作用不是简单的业态新增，而是在农村产业全产业链条上的革新，即产业生产端、运营端、营销端、物理终端以及数据端在高新技术群的作用下都得到创新发展[15]。以现代工程技术、信息技术、新材料技术和生物技术为代表的高新技术，具有强大的扩散性和渗透性特征，一旦产生，便迅速向其他产业扩散和渗透，与原有产业产生技术融合，直接导致了农业产出方式及产出结果的创新，从而支撑了农业新业态的产生[16]。

通过科技进步和分工优化大力促进农产品生产、加工、流通、仓储甚至营销的优化升级，逐步提升农业产业融合的价值链运作一系列环节的科技贡献率，同时逐渐塑造基于知识、技术等高级要素为主导的农业产业融合体系[17]。优先支持处于领先地位的稻米企业以创新为手段进行稻米的综合利用和精深加工，实现稻米产业链条的纵向延伸和横向拓展，提高资源的利用率和产品附加值，拓宽价值链的增值空间，提升行业的市场竞争力[18]。

因此，中国大陆应鼓励政府、高等院校、科研机构和企业之间加强创新协作，打造多方协同平台，健全政府支持、企业主导、政产学研民结合的技术研究和开发体系，加快新型农业产品和管理系统开发，积极培育新型业态。

（三）培育多元主体助力业态创新

台湾稻米业态创新的经营主体既有官方也有民间，如管理部门、农民组织、农村社区、NGO基金会、企业和学校等，产官学研缺一不可，产业主体间表现出分工关联、上下游关联、市场关联、空间关联等多元化产业关系，增加了主体间的利益纽带，强化主体间利益共生关系，提升产业化水平，实现稻米产业业态创新[19]。

台湾地区99%以上的农民都加入了农民组织（如农会、产销班、合作社），很多大型企业也是基于产销班或合作社的基础上成立的，农民组织已成为农业产业链业态创新的主要经营主体。最常见的经营主体为以农民组织或企业（大型公司或集团企业）为主导，围绕稻米产品的生产、加工、销售、服务，与生产基地、农户实现密切互动和有机结合，为农户提供全方位、多层次、差异化的产前、产中、产后服务，实现风险共担、利益共享。如2005年开始推动的“稻米产销专区”计划，就是通过农会或粮商（企业）与农民契作（契约合作），形成产、加、储、销一体化的经营体系，辅导农民选种、育苗、除草、用药、施肥、收割等，建立标准作业流程，推动稻米规模化生产，制度化和规范化运销。

休闲农业和创意农业的经营主体主要是NGO基金会、企业及当地的管理部门。如池上秋收艺术节是在池上乡文化艺术协会和台湾好基金会的推动下发展起来的；花莲玉里镇的熊赞彩绘是由镇公所推动的；花莲富里乡动物迷踪“稻草艺术节”邀请了中原大学的建筑艺术学系和南投的竹编艺术家与当地的社区、学校一起创作；花莲县丰滨乡新社梯田的稻草人，是由乡公所邀请当地居民创作的；台湾谷堡是以“中兴米”品牌打响名号的联米企业；掌生谷粒也是企业化运作。

科普教育农业的主体是学校。教育学生区分自然农法和惯行农法，落实生态环保教育，不仅要下田插秧，还要在田间养鸭放鸭赶鸭，了解稻田的种植周期，通过稻鸭共处的模式认识生命的循环。

在智慧农业、新技术的开发与应用上，主体往往是大型企业和管理部门合作。如米谷粉的研制开发与运用推广方面；大型企业则联合契作农民，规模足够大，智慧农业的效益更加凸显。

中国大陆在乡村产业业态创新发展过程中，要注重根据不同业态培育主体，如引导有条件的产业园区、龙头企业、服务机构和科研单位发展智慧农业。

参考文献

[1] 肖卫东，杜志雄. 农村一二三产业融合：内涵要解、发展现状与未来思路［J］.西北农林科技大学学报（社会科学版），2019（6）：120-129.

[2] 唐晨晨. 台湾观光工厂游记［M］.北京：机械工业出版社，2016.

[3] 崔鲜花. 韩国农村产业融合发展研究［D］.吉林大学，2019.

[4] 孙江超. 论农村产业融合发展模式及着力点［J］.农业经济，2020（6）：33-35.

[5] 张宏政，林淑婷，陈仪甄. 农村产业文化创新辅导策略之研究——发展稻米产销专业区产业观光为例［J］. 休闲事业研究，2011（3）：59-83.
[6] 谢玲玉. 米乡地图：南瀛米食文化［M］. 台南：台南市文化局，2020.
[7] 李翎竹，林家伃，杨智凯，等. 智能农业应用发展现况与潜在人才需求研析［J］. 农政与农情，2020（337）：66-72.
[8] 吴永培. 稻米的加值利用［J］. 农业试验所技术服务，2007（71）：10-14.
[9] 安玉青. 文化创意视域下市郊乡村旅游业态研究［J］. 社会科学家，2020（2）：87-92.
[10] 尧珏，邵法焕，蒋和平. 都市农业新产业和新业态的发展模式研究［J］. 农业现代化研究，2020（1）：55-63.
[11] 梁瑞华. 培育壮大农业新业态发展路径及对策研究［J］. 河南社会科学，2019（3）：115-119.
[12] 董阿丹，石丹. 基于文化创意的乡村旅游发展困境与出路［J］. 农业经济，2020（4）：46-48.
[13] 李苍郎，苏宗振，黄怡仁. 农业施政新年新展望——稻米产销制度新作法［J］. 农政与农情，2014（259）：1-3.
[14] 黄怡仁，廖婉均. 米力台湾，谷舞人生——微电影征件活动纪要［J］. 农政与农情，2014（259）：87-88.
[15] 解学芳，陈思函. 5G+AI技术群驱动的文化产业新业态创新及其机理研究［J］. 东南学术，2021（4）：146-157.
[16] 戴天放. 农业业态概念和新业态类型及其形成机制初探［J］. 农业现代化研究，2014（2）：200-208.
[17] 韩江波. “环-链-层”：农业产业链运作模式及其价值集成治理创新［J］. 经济学家，2018（10）：97-104.
[18] 寇光涛，卢凤君，刘晴，等. 东北稻米产业链收益分配研究——以黑龙江省为例［J］. 中国农业大学学报，2017（4）：143-152.
[19] 张仕超，王金亮，魏朝富，等. 丘陵山区多元新型农业经营主体时空演变及产业响应［J］. 西南大学学报（自然科学版），2022（1）：118-137.

第三章

台湾茶产业业态创新

一、产业概况

茶曾经为台湾的高价值经济作物之一，200多年来经过茶改场及农民的不断研究改进，结合气候、土壤、水质及制茶技术等因素，因地制宜，各地的特色茶发展迅速，种植面积最高达到4.8万公顷，外销量最盛曾达6.5万吨，但随着土地与劳动力成本上涨，茶市场已由外销市场转为满足内需，因以生产精品的特色茶为主，故仍具国际外销市场发展潜力的竞争优势，在全球茶市场占有特殊重要地位。随着居民所得日益增加，购买力大幅提升，茶叶需求转向追求精致茶，加上饮茶方法与消费习惯的改变，便利、快速、可随身携带的茶为茶产业的发展方向，如袋茶、罐装茶、珍珠奶茶、手摇茶等，均使茶叶消费量大增，饮茶量平均由1976年的0.27千克上升至2017年的1.5千克，目前台湾市场约有85%需依赖进口[1]。

台湾茶资源丰富而多元，各具特色，如北部文山包种茶、桃竹苗茶区东方美人茶、中部冻顶乌龙茶、日月潭红茶、南部阿里山高山茶，以及东部地区蜜香红茶、红乌龙等。

据统计，2020年茶叶生产面积为12 226公顷、产量为14 341吨，产值82.44亿元新台币，主要产区为南投县（53%）、嘉义县（15%）、新北市（6%）、桃竹苗三县市（10%）及宜花东地区（4%）。精品茶与商用茶生产量比例约为8 ： 2，精品茶以各产区特色茶为主，商用茶以北部茶区、南投名间及屏东为主。2020年进口规模约为30 569吨与22.9亿元新台币，主要进口茶品为红茶（50%）、绿茶（31%）、普洱茶（5%）及乌龙茶（14%）；主要从越南、斯里兰卡及印度等进口，用作商用原料茶、精品泡饮及收藏，2021年进口33 192吨，比2020年增加9%。2020年出口规模约为8 021吨与29.48亿元新台币，主要出口外销旗舰产品。出口产品包括直接出口（精品茶、商用茶）、拼配调制后出口（商用茶+进口茶）及调配后出口（进口茶），2021年出口8 969吨，比2020年增加12%[2]。

探讨在以符合农业安全友善、循环永续的目标下，应用省工机械化与智能化操作，以掌握气候与环境状况，预测产期产量及提高效率，并加强副产物与多元产品的开发，以创造附加值及增加价值，实现茶产业业态创新，是当前海峡两岸茶产业的重要课题。

二、茶产业业态创新

台湾茶是少数可以结合文化、故事、历史和艺术的农产品，可以发挥软实力且非常有竞争力，容易实现业态创新。

（一）茶园观光与茶艺文化

茶园由于有整齐辽阔的园相，宜人的景致，加上生产形态的改变，结合了茶叶生产、茶叶科技、茶艺文化，以及提供自助制茶的体验活动，因此，从1975年开始，台湾当局提倡各茶区茶叶比赛，发展各地特色茶，设置观光茶园，也提高了台湾茶叶的知名度。1980年木栅铁观音茶区在台北市政府等机关团体协助下成立台湾第一处观光茶园开始，接着于1982年辟建南港观光茶园。1984年起在桃园龙潭等茶区规划设立观光茶园。1996年在台北县坪林乡、花莲县瑞穗乡舞鹤村、南投县鹿谷乡、名间乡松柏岭茶区设立形象商圈，以商圈型态通过环境的重新美化整理，及利用茶文化为主题举办系列活动和开发新产品。2000年农业管理部门制定“发展休闲农业计划”，2004年底经审核通过的休闲农业区有48处，其中以茶业为主的休闲农业区即有9处[3]（图3-1）。

图3-1　阿里山高山茶区

台湾地区观光管理部门于2002年首次选在南投县鹿谷乡茶区办理“2002年台湾茶艺博览会”。台湾业者在这段时间开创“茶文化深度旅游”，将单纯从事生产的茶园积极转向观光休闲发展。2001年部分茶区茶农在乡镇公所等单位协助下共同办理“茶叶知性之旅”或“自助制茶研习”等活动，结合民宿提供游客住宿，如台东县鹿野乡将茶园与休闲结合，产生许多不一样的茶园景观，其中福鹿茶区不仅是花东地区最大的茶区，更开发出多元化的制茶产品；南投县的鱼池乡涩水社区是阿萨姆红茶的产地，拥有许多历史制茶资源，将有机红茶结合观光导览、民宿与森林资源，吸引观光人群带动产业发展。南投县政府2002年举办“南投茶香嘉年华活动”，规划一系列茶乡旅游行程吸引全台湾消费者。2005年初评选出第一个号称具有国际水平的休闲农业区（该区生产素馨茶）——宜兰县冬山乡“中山休闲农业示范区”。2005年阿里山风景区管理处、嘉义县政府及所辖茶区居民等共同推动“茶之道”计划，旨在结合阿里山高山茶产业、制茶、饮茶文化、自然山林及茶园风光，塑造独特景观与深度内涵的产业观光空间。由台北市政府协助设立位于木栅茶区“铁观音包种茶推广中心”外围的木栅猫空缆车已于2007年运营，并推出“搭猫缆、游茶乡、找茶趣”一系列活动供消费大众选择。观光管理部门于2011年特别规划以“台湾茶”为主题的旅游产品于海外进行推广与销售，日本、韩国、新加坡、马来西亚等地组团深入台湾知名茶园体验不同的茶路风光，共成功销售近20团、总数约400余名国际旅客赴台参与体验。“台湾挑tea”活动，以乌龙茶及红茶闻名的茶叶产区为主，规划5条适合国际观光客从事茶观光的路线，通过采茶、品茶、制茶DIY、地方特色料理及文化表演等体验元素，将南投日月潭红茶、花莲瑞穗蜜香红茶、台东福鹿茶、台北文山包种茶、嘉义阿里山高山茶、新竹东方美人茶等茶产区，和各级风景区观光资源相结合，成为茶文化观光路线，向外国游客介绍台湾茶叶历史，扩大台湾茶区观光及茶文化的推广宣传，促使台湾茶农将传统茶厂及茶园转型为游憩资源。农粮管理部门每年11月中旬在台北南港世贸展览馆举办“台湾国际茶业博览会”，展示优质台湾名茶，从而带动国际消费市场发展（图3-2）。

图3-2 南投县鹿谷乡农会茶业中心

南投县茶叶种植面积广、茶叶种类多，加上观光资源丰富，2002年起举办“台湾十二项大型节庆活动——2002台湾茶艺博览会”，至今演变成“茶香健康节活动”，每年吸引约12万人次至该县买茶、识茶、品茶及观光，后续观光客回流量倍增，极大促进茶叶销售及中部地区观光资源的利用。南投世界茶业博览会于2010在南投县中兴新村举办，其内容包括国际茶艺表演、世界茶区分布、各国茶席布置、千人茶会及千人挥毫、茶与音乐的飨宴、茶与书展、茶的故事唱给您听、黄金特等茶品茗、农特产展售会、茶叶相关历史及制茶茶具展示等。

（二）茶文化馆和亮点茶庄

台湾茶产业结合观光元素，走向茶叶精致化、有机生产管理、休闲茶园，甚至将制茶厂改为文化馆提供民众体验茶文化。如关西红茶叶文化馆以制茶厂转型文化馆，除承担茶农的茶叶制作烘焙工作，还陈列历史文化空间、茶叶制程，供游客体验茶产业的历史；膨风茶文物馆也以制茶厂转型为文物馆，有茶艺展示区、茶史展示区、茶事展示区，并提供游客服务处、农产品区、户外教学区；台北县（新北市）的坪林乡创造出全台第一个茶叶博物馆，介绍茶文化与历史发展，推广茶业休闲教育；游山茶访则是从制茶工厂转型为观光工厂，建立了“茶心苑”茶业文化馆，推广茶知识、茶道文化，并且设立体验茶艺的休闲园区，邀请国际茶道团体交流，成为台湾地区第一个具有国际级茶道文化馆，将台湾独特的茶道与茶文化推向国际（图3–3）。

图3-3　游山茶访观光工厂

为辅导各茶区办理产业相关体验活动，使产业充分发挥体验经济，提升相关服务活动质量，农业管理部门于2014年组成茶庄辅导经营团队，辅导制茶厂、茶企业及农民团体投资经营茶庄或茶服务产业，推动亮点茶庄，以优质的一、二级产业为基础，发展三级化服务产业，最终朝六级化产业方向发展。茶庄经营者不仅仅是农业生产，也不只是生产茗茶的专业场所，而是把茶园管理与制茶技术，融入文化与服务等内容，除品饮鉴赏好茶外，还提供茶艺、茶餐、体验、休闲与生态景观等，让茶产业更具故事性、趣味性与品牌化[4]。2014年遴选出7家特色亮点的茶庄，各具有“茶区与庄园景观”“茶艺文化”“泡茶技艺”“茶园生态及历史人文”“安全茶叶生产、采制、加工体验”“时尚和异业结合”等特色。截至2020年已辅导33家亮点茶庄将茶叶生产结合观光、文创、体验等，成为六级产业的标杆[2]。如和菓森林茶厂从老茶厂转型为品牌茶庄，每年4—12月的红茶体验营，可以亲手制茶、学习茶道，了解红茶文化、品味茶食，也推动文创彩绘茶罐，冬季有手工红茶香皂DIY与袋茶DIY体验活动[4]（图3–4）。

图3-4　和菓森林茶庄

（三）开发多元化产品

开发茶叶多元化产品，向消费者提供多元化的选择，既可增加茶叶的消费量，也提高茶叶的附加价值，具有竞争优势。台湾在茶叶资源的利用上已进行多元化的研发，茶叶的产品及加工层次上形成三类：一是茶叶传统加工产品，如绿茶、包种茶、乌龙茶、红茶、花茶、袋泡茶、薰香茶等；二是茶叶再加工产品，将传统茶叶为原料应用较高加工技术开发的茶产品，如粉茶、速溶茶、茶果冻、灌装茶水、饼茶、茶冻饮、茶糖、茶醋、茶菜、红茶糕点、调味茶类、茶冻、茶羊羹、茶牛轧糖、茶糕饼、茶蛋糕、茶酒、茶鸡尾酒、泡沫冷饮茶、茶叶焗蛋、茶粉、茶枕、创意茶饮等；三是以茶叶及其副产品为原料提取物的深加工产品，如茶香精华液、茶香皂、茶牙膏、茶沐浴、抗氧化剂、消臭剂等产品。茶业改良场首度发表专利茶香萃取装置及其技术，不仅将茶叶加工过程中挥发的香气收集下来，使“茶香”成为拓展茶叶多元应用的新原料，还成功建立茶香产品产业价值链，为茶农、机械业者及饮料业者带来新收益。

台湾茶零售市场及文创产业产值近1 500亿元新台币，手摇饮市场有550亿元新台币，占比最大，罐装饮料与观光客伴手礼位居第二，均近300亿元新台币。商用茶（珍珠奶茶）产业由台湾到境外扩点超过13 000家，年增长率超过15%，极具整店输出的潜力。台湾的茶饮文化多元，随着时代的演进，传统手冲壶泡的“饮茶”方式，也逐渐朝向多元化的“茶饮”文化发展；市场也渐次由传统的冲泡式精品单品茶，向多样化发展，如手摇饮、冲泡饮或瓶装饮品。

（四）智慧茶园

位于屏东的台湾农林公司老埤农场，导入新兴跨域科技，强化滴灌系统、无人机喷药、乘坐式采收机等硬件升级，以及茶业专家决策系统，可以达到茶园机械化且省工智能的管理，有效提升商用茶产量。已完成商用茶生产专区约300公顷，2019年扩增至470公顷，率先为商用茶产业布局[1]。

（五）茶叶评鉴比赛

优良茶叶比赛展售会是开启内销市场与改变茶区产业结构的重要活动。1975年“台湾省农林厅”首先辅导北部地区的新店农会办理优良包种茶比赛展售会，1976年于鹿谷农会举行高级冻顶乌龙茶比赛展售会，带动地方茶产业的发展。农业管理部门为提升茶产业知名度，鼓励生产安全、优质、健康的茶产品，自2004年起连续3年举办比赛活动，2007年为让不同地域及海拔茶区产制的茶叶有同场竞赛机会，改为“十大经典名茶选拔”（但在外界质疑茶赛竞卖有刻意炒作及买卖不实的情况下，2008年起该项活动被停办）。台湾主要茶区产地农会，几乎每年都主办茶艺比赛盛事，通过有丰富经验的资深茶师品评，鉴定茶叶质量优劣及决定茶叶价格且分出等级包装，可以促销优质好茶，提高品牌知名度，增进得奖者的荣誉感，帮助茶农增收，并确保买茶消费者品茗权益，提升茶区茗茶文化品质和品饮生活情趣，可以带动周边休闲观光资源与产业[5]。

三、经验与启示

（一）政策引导与推动

台湾茶产业发展历史悠久，在不同的发展阶段有不同的推动政策。20世纪70年代，台湾当局开始重视内销茶宣传，通过报纸、电视等传播，鼓励饮茶，并积极办理制茶技术讲习、观摩及优良茶竞赛、展示、展售等活动，各地纷纷响应，所以内销茶逐年增加，价格也大幅度提高，茶农收益获得改善。台湾当局还积极制定茶产业政策与措施，推展茶园转型，塑造台湾茶叶的自我品牌，并通过深耕地方来辅导茶农提升茶叶质量，进而增加顾客消费力与茶产业竞争力。通过传统育种与稳定生产的“茶产业1.0”以及精品茶与特色茶生产的“茶产业2.0”政策，茶产业发展已累积了深厚的基础及接轨国际市场的潜力。

针对全球环境与市场消费需求的变化，已制定出朝精品茶与商用茶并进的“茶产业3.0”计划，以继续巩固发展茶饮科技核心技术，结合文化设计的艺术茶饮，并通过多元商品开发，联结饮品原料生产来带动六级产业化发展，健全商用茶的生产体系与产制销供应链，同时也从农业科技、产业文化及休闲观光等不同角度进行茶产业的振兴与升级，从而增加种茶面积，发展休闲产业，达到茶产业可持续发展，引领新茶饮潮流，创造更多茶产业的国际经济价值。台湾当局推动的浪漫台三线政策中的茶产业复兴部分，结合历史人文、自然生态、文化体验、环境教育及产业发展等方面，以拓展当地特色产业与发展茶产业六级化，如桃园市政府的台湾客家茶文化馆及桔杨公司龙潭精致茶加工观光工厂的建设，发挥精致茶特色与地方创生推动。茶业改良场（简称茶改场）一直是研发先驱与产业推动的领头羊，从事台湾茶业的品种改良、产制销技术改进、推广教育服务及特色茶产业辅导等工作，规划建设的特色茶风味轮及借鉴红酒AOC系统建立分类分级制度，可以结合台湾茶国际形象魅力，塑造新的茶消费型态，强化购买意愿并建立国际品牌。

台湾茶早期以外销为主，衍生出很多外销产业及大稻埕特有的社群文化，保留相当多的历史文物，所以在全球茶业市场强大竞争下，还需要依靠强有力的茶文化基础才能维持盛景。目前台湾茶产业链由多部门管理，上游的茶叶生产由农业管理部门负责，国际贸易和品牌营销由经济管理部门负责，下游的文化及工艺由文化管理部门负责。

（二）茶产业六级化

茶产业既是基础农业也是加工产业，还是传统文化产业。若要使传统茶产业增值，就必须加强本身的产品优势，让传统茶叶成为具有特色的现代产业。传统茶产业通常与地方经济发展都有密不可分的关系，推广茶文化，可引起社会对茶产业的重视，提升茶产业竞争力。

加入文化创意振兴传统茶产业，如茶产业文化化、茶文化产业化，休闲产业观光化。异业整合与跨业多元化经营即以“茶”为中心串联整合关联产业，以达到经营技术或经营模式的创新，促进茶产业发展与升级。如推动以茶业为核心的产区庄园旅游，并配合设立茶展、茶街或茶博物馆，让茶叶消费可以结合休闲观光，带动茶叶产品的销售与推广，同时发展茶具、茶机、茶艺、茶餐、观光、美妆、茶文化等茶业加值产业，消费者可到茶园采茶、亲手制茶、品饮鉴赏，享受茶艺、茶餐、茶园等文化与观光精髓，青年学子可以下乡打工换宿，体验茶乡生活等，享受茶文化、深入茶故事、品享茶餐[6]。

（三）茶产业业态创新趋势

一是市场区隔化。以精品茶为台湾茶品牌形象，再以商用茶作为国际市场开拓，两者相辅相成，构建多元特色的台湾茶业产业链的发展模式。导入新兴跨域科技及拼配独特风味，提升商用茶生产与竞争力，结合精致在地特色及多元文化等，强化精致茶特色与魅力，逐步建构起台湾精致茶与商用茶并进的生产供应链。

二是产品高值化。通过文化与技术服务增值，打造新茶饮文化，结合茶文化专业展示宣传与文创竞赛，提升精品茶的独特性与市场特色，以文化促进产品加值，促使商用茶品牌建立，提升茶产业竞争力。重点在于强化台湾特色茶、精品茶以及商用茶的制茶工艺与省工作业技术，以提升加工后茶叶质量（香气、风味等）与价值；强化机能性萃取与成分验证的研发，开发具有生理调节机能的保健食品或植物新药等高值化产品；开发茶叶副产物或次级品加值运用，达到提升副产物利用率与环境友善的目标，以提高产业经济效益。

三是消费年轻化。茶既需要历史、知识、文化的承载，也必须不断地传承、纳入新鲜血液与活力，应拓展年轻消费族群并打入国际市场。应该对年轻消费族群推广茶历史与茶文化的知识，让泡茶、品茗、茶艺、历史与文化进入消费者认知，推广教育环保、健康、养生的饮茶知识[7]。台湾的特色茶有独一无二的色香味，且近年手摇茶饮扩增迅速，茶饮已成为年轻人不可或缺的饮品。据台湾经济管理部门统计，台湾每年卖出10.2亿杯茶饮，平均每人每年喝44杯，营业收入达500亿元新台币，如以花卉、果干或是特用作物搭配不同茶类饮用，口味新颖，价位较低，或将传统饮料作物通过专属客制化制作，使成品整体风味与滋味加以提升，也颇受消费者青睐[8]。年轻消费者偏好即饮型茶饮（例如包装茶饮、手摇饮、珍珠奶茶等），原料供应与质量管理、开发与调配、茶器及茶周边资材开发等发展项目，是台湾茶业产业具有国际竞争力的项目。

四是文化生活化。先有生活化，才会创造市场。链接虚实营销与产销通道，社交网络、数字营销、消费习惯、信息传递方式、网红大V的兴起全都影响着各年龄层的消费者，影响着不同产业的发展，因而也要有茶专门的营销，如茶的媒体、茶的展览、茶的网红。“饮茶”是台湾饮食文化有代表性的一方面，茶文化用品更是生活工艺的题材之一，在体验经济的潮流下，以茶文化为载体能让工艺器皿的价值与文化价值获得更普遍的肯定，通过茶文化推广能将茶工艺器皿美学融入大众的生活之中，以跨界方式将茶文化的推广更加全面深入。

参考文献

［1］李红曦，蔡宪宗，蔡伟皇，等. 迈向台湾茶产业3.0之转型契机与发展刍议［J］.农政与农情，2019（8），42-50.

［2］“农业委员会”. 茶产业及茶文化推动计划（2023—2024）［P］. “农业委员会”，2022.

［3］赖正南，苏雅惠. 台湾休闲茶业发展之思维［J］.台湾农学会报，2009，10（5）：349-363.

［4］刘绍国. “亮点茶庄”带您体验台湾茶产业新价值［J］.农政与农情，2015（272）：50-53.

［5］曾淑美. 台湾东方美人茶产业的演进过程与发展困境［D］.新北：淡江大学，2016.

［6］周孟娴. 善用多元策略，再现台茶风华［J］.台湾经济研究月刊，2014（3）：34-41.

［7］何志峰，林浩巨，何青儒. 台湾茶叶产业结构与经营模式的转变［J］.北商学报2021（37）：1-25.

［8］林育圣，张维倩，林儒宏. 茶及饮料作物农产加值打样中心简介［J］.农政与农情，2021（2）：103-107.

第四章

台湾生态产业新业态案例分析

生物与人文多样性是台湾地区的魅力所在，而乡村正是保育这些元素的地方。利用丰富多样的资源特色，发展乡村新产业新业态，能促进地方经济的发展。台湾地区积累了较丰富的经验，值得中国大陆借鉴。

一、案例概述

（一）桃米生态村

桃米位于南投县埔里镇西南方约5千米处，是中潭公路往日月潭必经之地。依山傍水，六大溪流流经桃米，流水清澈、植被郁闭，农田、村落、森林及多样性的湿地交错，有丰富的生态资源。桃米在经济区位、交通区位等方面具有先天的弱势，麻竹笋、茭白笋、各种菇类曾为较大宗的农产品，但随时代的发展，传统农业生产效率的低下及农耕经济的衰颓，导致桃米许多土地陆续休耕，经济活动日益衰退，青壮年劳动力大量外流，桃米成为埔里镇最贫困的地区。雪上加霜的是，桃米里在1999年“九二一”地震中遭受重创，受创率高达62%。

在灾后重建过程中，调查发现桃米蕴藏着丰富的生态资源，蛙类数量占台湾种数的79%，蜻蜓数量占台湾种数的34%，鸟类数量占台湾种数的16%[1]。桃米还拥有上百处生态价值极高的湿地，这些湿地长久以来除提供灌溉、蓄洪功能外，由于一直保持良好的植被及天然地形，未受到过度的开发或破坏，是台湾中部地区最具代表性、值得加强保育的湿地，可提供生态、环境品质、经济、教育、观光、科学研究等多方面的功能。

桃米通过产官学各界的援助，调动居民的积极性，完成对青蛙、蜻蜓等昆虫从认知到保育的一系列工作；加强对生态环境的治理及人工干预活动，营造出良好的生态环境系统。从社区全体成员集体维护、监督桃米村的生态发展，到开展多样的人与自然亲近的社会活动，激发社会各阶层对生态社区的了解及认同等，推动生态社区的运营，使生态生活的理念在社会上蔚然成风，为桃米村生态社区营造了良性发展环境，形成了以生态产业发展为主导的多元产业发展模式。周末和节假日，桃米生态村日接待游客达到1 500人，平时每天接待游客也在500人左右，每年仅门票收入就有200多万元人民币。生态产业已经成为桃米生态村的主要产业，村里1/5的村民都在经营生态产业，而其他村民经营的传统农业也因为生态旅游的带动而升值。现在，桃米村还向外输出自己的生态产业和生态文化，帮助别的地方发展生态产业。据不完全统计，生态产业每年可为这个1 200多人口的村庄带来3 000万元人民币的收入[2]。桃米从过去典型的传统农村，转型成为结合生态保育、观光休闲的生态型重生社区，生活环境、生产环境与生态环境等得到极大改善，已成为台湾乡村产业业态创新的标杆（图4-1）。

图4-1 桃米生态村的景观

（二）头城休闲农场

头城休闲农场位于宜兰县头城镇，1979年开业，交通便利，面积120

公顷，具有丰富的浅山生态环境。农场经营项目包含农业经营、体验学校、环境教育、餐饮住宿，分为水稻体验区、有机蔬菜园区、果园区、牛舍、农村动物园等多个区域。以农地取得有机认证标章为目标，在农业生产方面，做到食物、生态、林业的循环，减少废弃物及碳排放；在环境守护上，推动生态造林，设置多部红外线自动照相机，长期调查陆域、水域物种，保育生物的多样性；在社会方面，以绿色餐桌导入友善农、渔业的故事，和农村社区分享资源，带动地方经济发展。近年利用红外线摄影机记录了水鹿、山猪、山羌、台湾猕猴、食蟹蒙、麝香猫、大冠鹫等在园区活动的记录，也有“镇馆之宝”珍稀白变蓝鹊育雏并在园区生活的影像，成为吸引游客驻足和游赏自然生态的独特休闲农场，每年接待6万名左右的游客。于2019年获得联合国旗下全球永续旅游委员会（Global Sustainable Tourism Council，GSTC）认证，2023年进一步荣获“生态游程创新奖”（图4-2）。

图4-2　头城休闲农场的原生态环境

（三）马太鞍湿地

马太鞍湿地位于花莲光复乡，是一处涌泉不绝的天然沼泽湿地，有许多不同的水域环境，丰饶多样的生态提供阿美族部落人的生活所需，早年曾是部落人的渔场、猎场。“马太鞍”是阿美族部落称呼树豆的名称，因为早期此地遍植树豆。农业现代化后，马太鞍水泽不利于机械耕作，收成不如旱地，导致休耕面积多，却为水生植物、鸟类、蛙类、昆虫及鱼虾提供了生长与栖息的绝佳环境，生物多样性的保育与发展成为此区一大特色。

1995年文化建设管理部门推动农村社区总体营造政策，兴起了少数民族文化重建运动和观光热潮，马太鞍逐渐发展成花东纵谷上的观光热点，2003年台湾当局进一步在“挑战2008发展重点计划（2002—2007）”中增订“观光客倍增”计划，通过各项辅导，为花莲打造不少小区观光的热点，因此马太鞍部落发展成观光热点的代表[3]，以农业生产与生态旅游为主要发展要项。

园区结合少数民族文化特色，推出生态教学、湿地导览和各式体验活动，被农业管理部门评选为校外教学示范单位之一，2022年获农业最高管理部门颁发的“绩优苗壮奖”肯定。在这里可以体验阿美族的传统捕鱼法“Palakaw（巴拉告）”，即用竹筒、九芎木做成方形捕鱼网，然后将其放入溪水作为鱼儿的家，等鱼长大后再捞起食用，这种只捕大鱼放走小鱼的做法，让溪中有源源不绝的渔货。此外，还可以品尝部落野菜、红糯米饭、石头火锅、捣麻糬等美食（图4-3）。

图4-3 马太鞍湿地的景观

二、做法与经验

（一）保护利用当地生态资源

保护利用生态资源包括保育生物多样性、可持续利用生物及其相关资源、公平合理地分享由生物资源所带来的惠益、提升大众维护生物多样性的意识及知识、参与区域性和全球性合作保育生物多样性。优越的生态环境决定了桃米社区、头城农场、马太鞍湿地的产业定位为以生态涵养为前提的生态旅游为主的发展模式。在巨大的“生态资产”资源禀赋的条件下，他们选择了生态保育策略，营造出人与自然和谐相处的生态社区发展模式。据调查，桃米村现有常年可见鸟类约40多种，蛙类约15种，蜻蜓类约26种；马太鞍湿地目前已有记录的水生植物100多种、蜻蛉类70多种、鸟类100多种[4]，许多不同种类的树林、草地与湿地混合在一起，成为众多野生动物的栖息地，也有助于防灾、集水区保护及其他重要的生态系统服务。头城休闲农场植物种类多，生态丰富，成为著名的“卖点”，其中又以满山遍野的台湾原生种类最受瞩目。通过对园区旅游资源的深度开发、体验性农业活动的规划建设，能策划多样化的形式吸引游客（图4-4）。

图4-4　桃米生态村的青蛙元素

（二）体验活动与生态教育相结合

体验活动与导览解说在台湾的生态观光中给人印象最深刻。

一是设计有当地特色的套装体验行程。如头城农场被台湾当局评定为中小学生“农村生活体验与生态探索”的户外教学基地，其休闲套装游程内容会依四季的变化而各有不同，除了一日、二日体验之旅外，还有美食小旅行、酒香之旅、生态厨房、环境教育等活动可选择。此外，针对企业教育训练、学生迎新活动，甚至教会团体都有合适的活动可以举办。农场的游客层从幼儿到银发族全方位涵盖，90%是选择一日、二日的套装游程。其水稻体验，有插秧区、晒谷场、可以实地操作鼓风机、打谷机、石磨等，在体验过程中了解水稻栽培和收获，并可亲身制作，从体验中感受生活与获得知识，把农业资源与学校教育相结合。头城农场菜园内的有机蔬菜可“与在地结合、回馈地区”供给当地小学；不同颜色的蔬菜经过整理后，转换开发成为天然色素萃取的“教育体验活动”；原生蔬菜在绿色厨房中举办“蔬菜发表会”，传递从产地到餐桌并可转换为“农村厨房”的体验游程。在改良场合作伙伴的协助下建立推广“循环农业”的导览行程，联结场内的生物防治、作物管理、堆肥场与后端酒庄产品开发，将各项独立营运资源互相运用，达到资源的效益最大化[5]。适当的课程环境布置也能提升游客的满意度，以用餐环境为例，根据户外环境变化，在不同的用餐地点设计不同摆盘及灯光，如室内用餐区以朴素的农村厨房为主题，以大锅菜方式呈现，若是草地野餐则设置长桌，并摆上瓷器与蜡烛营造氛围，让游客在自然环境中营造美学，同时可巧妙利用时段，设计让不同游程的游客看到他人的行程，下次参与不同行程。桃米的美需要细细体会，安排的行程有桃米生态之旅、帮蝴蝶造窝、蝴蝶闯关游戏、湿地巡礼与维护、赏萤、鱼虾生态探索·溪流等（图4-5）。

图4-5　生态体验活动

二是有专业的导览解说员。把当地居民培训成专业的导览员，将大自然的专业知识以讲故事的方表达出来，再加上丰富的肢体语言，更容易被接受，进而达到最佳的解说效果。每位解说员脑中的自然知识与解说技巧，都弥足珍贵且能创造无限商机。如马太鞍湿地生态解说班成立于2001年，由20位退休及现职老师、电影剪辑师、装潢师、餐饮经营师、兽医师、专业农民及阿美族居民等组成，他们生态知识丰富、解说技巧纯熟，在他们的解说引导下，游客可以深入了解马太鞍并爱上马太鞍，重游率比其他游憩点高出许多，一年的解说收入就多达100多万元新台币，这种定点深度旅游的模式也成为其他休闲农业区的典范[4]。桃米村的导览解说员是复合型人才，不仅对青蛙等动物如数家珍，对知识经济也能娓娓道来，还能指导游客拍摄的角度。头城农场的导览解说员在介绍昆虫时用了丰富的肢体语言，可让游客久久沉浸在动人的故事中（图4-6）。

图4-6　专业的解说员

（三）产业文化化

桃米村拥有台湾大部分的青蛙种类，在数量上更是占据了当地生态系统中重要的部分，利用种类丰富的动物资源，结合对台湾影响最早的宫崎骏动画风格，在文创产品和建筑的装饰方面予以强化，塑造了许多可爱、饱满的卡通形象。如桃米村青蛙元素无处不在，从室内到室外，从有形到无形，它们或散落在池塘边、地面上、窗户上，或陈列于店内，有各种青蛙文创玩偶、装饰、建筑、民宿和餐厅名称，形成浓郁的文创产业氛围，整个社区充满童真自然的气息，体现出人与自然和谐相处的生态社区建设原则，桃米村也被外界称为“青蛙王国”（图4-7）。

图4-7　桃米村青蛙元素无处不在

头城休闲农场的室内装修和各种设施如路牌、标识、垃圾桶的设计都很精美，也成为园区独特的景观。路牌、标识、解说牌不仅能改善游憩体验、增进游客安全、避免意外灾害，还能阐释科普知识，提高旅游者的游览质量。各种功能性设施设计的创意，不仅体现在主题配合、材质、外观、色彩、形式上，还体现在文字图形内容配合、设置地点及方式上，不仅能增添空间魅力及丰富性，更能彰显农场的特殊文化风格，达到使用价值与审美价值的完美结合。用树木、酒坛，以巧思加工而成的各种指示牌、吊床、座椅，造型风格简朴，用材生态，不仅提供舒适愉快及干净的休息环境，还可让游客品味最原始自然的艺术魅力。其 “工鸡园地”指的是放养鸡只的场所，“工鸡”即工作的鸡，也就是为了向人类提供优质鸡肉、鸡蛋而天天工作（健身、下蛋）的鸡，此指示牌极具创意且充满了趣味性；在水稻体验区附近地面上有诸如“一分耕耘，一分收获”的指示牌，让游客在体验劳作之后感觉耕耘的辛苦和收获的快乐，品味人生哲理（图4-8）。

图4-8　头城休闲农场的创意设计

马太鞍的居民属台湾最大最古老的阿美族部落，拥有少数民族文化资源，各种树木附有带图形的标识牌，以及欣绿农园餐厅的室内装饰，都体现了阿美族特色。马太鞍农场目前以生态鱼礁（巴拉告）捕鱼为最受欢迎的体验活动。先用空心的竹筒一只一只架成一长排，在上头覆以树枝，第三层再铺上一些杂草堆，形成一个适于鱼虾游动的环境即生态鱼礁。最上层的树枝间是小虾世界，中间层竹枝间有小鱼穿梭，最底层则是鳗鱼等无鳞鱼的天地，这样上层鱼虾的排泄物下沉后成为大鱼饵料，形成生态循环。捉鱼时水闸门关上，池中的大鱼可自入笙中。这个极具阿美族部落特色的项目不仅有趣，还有助于提升体验者生态保育的知识及如何与大自然和谐共存，达到寓教于乐的目的（图4-9）。

图4-9　阿美族特色的生态鱼礁（巴拉告）捕鱼方式

（四）文化产业化

桃米在既有的生态旅游基础上，结合了当地人文风情和故事，开发妇女人力及激发艺术家、建筑师创作能量，根据青蛙文化，发展了多种产业，包括观光农业、建筑业、文创业、服务业等产业业态。不仅有各色各样的青蛙文创玩偶和竹帘装饰，室外平台的栏杆柱头等各处装饰上均有雕刻精美、形态活泼的青蛙形象。建筑景观设施用生态环保的材料建成，也能体现其生态元素，如树蛙亭、蜻蜓流笼、同心桥、吓一跳桥及茅埔坑木拱桥等。民宿、房间、餐厅的名称与菜单设计上采用青蛙、蜻蜓、蝴蝶等生态元素，如民宿“青蛙Y婆家”“蛙宝”“熊麋鹿了”，餐厅“草本生活家——蝴蝶食草创意料理”“树蛙亭田园厨房”等（图4-10）。

图4-10　餐厅与民宿的生态元素

头城农场在餐桌上演绎了浅山动物群像推出的“森林餐桌”，生态保育理念甚至在食物设计上都能得以体现，如利用果实做成各式小点心组成“鸟类餐桌”、与花朵相关的食材组合成“蜜蜂餐桌”、利用黑糖粉底下埋地瓜球当作“山猪餐桌”，利用餐桌带动生态故事，并且说明多层次的森林是动物的栖地，动物才是森林的原住民，这也是森林存续和繁衍的重要环节，人类更需要关切大自然，从而把生态文化进行产业化开发。

三、启示

（一）政策引导和扶持

生态旅游包括资源调查、社区营造、居民培训、游程产品研发、行销推广、服务与经营管理等，涉及很多专业，需要产官学通力合作，政策引导和扶持至关重要。

1994年台湾地区文化部门推动“社区总体营造”，直到目前农业、建设、环保、经济等部门都有相关计划在推动，是台湾当局推动最久远的政策之一。农村社区总体营造政策兴起了少数民族文化重建运动和少数民族观光热潮，马太鞍由此逐渐发展成花东纵谷上的观光热点。通过文化的视角将艺术与产业相结合，以第一产业、第二产业转型升级为核心，第三产业精细化管理分工，打破一产、二产与三产之间的界限，融合发展之下创造出新的创意增长点。搭载不同领域的优质资源，文化创意以不同形式得以传达，以二产、三产融合发展的模式作为产业升级路径，可以实现文化创意产业永续发展。桃米村文创产业的发展很大部分得益于此。

2001年3月台湾地区成立永续生态旅游协会，举办生态旅游研讨会、生态解说员教育训练及生态旅游实务观摩等活动。2002年为台湾生态旅游年，采取了一系列策略及措施，如制定生态旅游政策与管理机制、营造生态旅游环境、加强生态旅游教育训练、办理生态旅游宣传与推广活动，持续推动生态旅游。

1992年发布实施“休闲农业区设置管理办法”，以休闲农业区的观念来推动休闲农业辅导工作；1999年修正发布“休闲农业辅导办法”，对休闲农业的发展加以明确规定；2001年提出“一乡一休闲农渔区”辅导发展计划，逐渐推动休闲农业发展。马太鞍休闲农业区于2004年划定，桃米休闲农业区于2006年划定。

（二）发展体验经济是产业发展的必然趋势

通过体验活动才能把资源与技术转化为现金，在现有的资源条件下，针对不同客群设计不同体验活动，创造差异性与独特性，建立不可被取代的价值。“体验”所追求的是情感和风格的认同，甚至是心灵的沉浸参与，消费者购买有形的商品时希望还能得到无形的服务和难忘的体验，体验经济发展是产业发展的必然趋势。体验活动与生态教育相结合，自然优美加上艺术元素的生态景观可以为游客提供视觉的享受，大自然的动物鸣叫声、流水声等可以感动游客的听觉，草香、花香、泥土香、米食香可以带给游客难忘的嗅觉，品尝当地米食料理与风味餐满足了游客的味蕾，亲自体验插秧、收割、米食制作、参与DIY活动等过程都是一种美好触觉的感受，这样就调动了消费者的视觉、听觉、触觉、嗅觉和味觉等五感，使得消费者在每一个环节获得看见、听见、摸到、闻到、尝到的立体化体验；同时，亲自动手操作和娱乐表演是娱乐体验，节假日扮演农夫、远离现实是虚拟体验，DIY活动或户外教学则是教育体验，生态景观、农村传统文化与农家生活内容是美学体验，这些体验均可使消费者在生理、心理、社会及教育等方面获得满足[6]。

（三）人才培养

台湾社区总体营造的切入点分“人、文、地、景、产”五个方面。“人”就是居住于小区的居民，以人为本是小区营造的首要考虑；“文”就是文化，须考虑小区的文化特色；“地”就是地理环境；“景”就是风景特色；“产”就是产业[7]。社区总体营造鼓励村民的自主参与，凝聚社区共识，其根本在于营造“人”，先营造了人，然后才能营造生活、营造文化、营造社区，是一种由下而上的操作方式。通过文化的视角将艺术与产业相结合，打破一产、二产与三产之间的界限，融合发展之下创造出新的创意增长点，文化创意人才的培养成为台湾地区的优势。

导览解说在生态旅游中必不可少，不仅能让游客欣赏自然，还能进一步深化游客和环境的关系，提升游憩的质感与层次。台湾地区注重导览解说员的培养，每年都有各种协会或官方主办的培训或竞赛，这样培养出来的导览解说员具有很强的专业素质，导览员已成为生态旅游中的一个亮点。培训是免费的或者学员只需支付很少的一部分学费，培训内容丰富多彩。如2011年生态教育农园协会主办的培训，学员只需支付30%学费，70%学费由农业管理部门的专案计划补助，培训蜻蛉、鸟类、蝴蝶、蛙类、萤火虫、植物、生态观光导览技巧等互动实地演练课程；2022年、2023年社团法人自然步道协会“步道生态环境教育训练课程”招生是免费的，培训内容有室内课和户外课，室内课包括生态特色与自然步道的认识、生态保育和环境保护志愿者经验分享、环境教育与步道教案设计方案、国际环境教育的实例分享、生态游戏实务操作、植物生态面面观、步道的人文环境解读，步道上的自然观察、步道生态解说技巧等。

参考文献

[1] 陈统奎．台湾桃米社区的重建启示［J］．南风窗，2010（1）：57-58.

[2] 范霄鹏，张晨．浅议生态社区营造策略——以台湾桃米村为例［J］．小城镇建设，2018（6）：69-75.

[3] 张玮琦．马太鞍湿地地景与食物生产方式之变迁［J］．原住民族文献，2015（22）：19-25.

[4] 陈秀卿．典藏生态，人文荟萃——马太鞍休闲农业区［J］．农政与农情，2007（185）：34-36.

[5] 黄筱筑．创造休闲农场永续价值——头城休闲农场案例分享［P/OL］．https：//akmp.cpc.org.tw/zh-tw/post/contents/663.

[6] 唐晨晨．台湾观光工厂游记［M］．北京：机械工业出版社，2016.

[7] 曾柏森．台湾农村社区永续总体营造之研究［D］．台中：中兴大学，2008.

第五章

台湾花卉文化季案例分析

台湾地区气候宜人，园艺业发达，据此设定主题导入创意元素，打造出一年四季不同主题的花季，其中“海芋季”“桐花祭”和“国际兰展”是台湾花卉文化季典型案例，已成为台湾地区每年的三大盛事，吸引了来自世界各地的游客到此体验，带动了地方经济发展，是乡村产业业态创新的典型案例，其成功经验值得借鉴。

一、发展历程

（一）海芋季

海芋学名为马蹄莲，原产地在南非，海芋是台湾地区对马蹄莲的称呼。海芋对环境的选择性较高，需要湿冷气候及充足洁净的山泉水，台北竹子湖海拔650米，是一个天然堰塞湖地形，云雾缭绕，正好满足海芋生长的需求，因而成为台湾主要的海芋栽培区。目前竹子湖海芋花田生产总面积约有13公顷，占全台湾海芋产量的80%以上。海芋花期可从12月持续到隔年5月，其中最盛产的时间是在3—5月。

竹子湖地区在日据时期种植水稻，1966年从日本引种海芋，1996年开始以观光采摘拓展产业，近年已转型发展观光休闲农业，结合当地花卉等产业，是台北市第三个休闲农业区。每年3—4月举办的竹子湖海芋季已成了阳明山一年一度的盛事之一，吸引了来自世界各地的游客在此体验置身千亩海芋花田的迷人景色。而且，温馨烂漫的海芋花田也成了众多年轻人拍摄婚纱照片、见证爱情的首选之地，经常可见数对新人们在此选景。

近年来，竹子湖海芋季活动每年吸引游客约50万人，每年海芋生产面积约13公顷，年产量约300万支。海芋季活动通过与客运公司、百货公司、餐饮业等异业联盟，既使活动更有深度、内容更加丰富，也增强了宣传效果，真正起到带动地区产业发展、提高农户收益的作用，每年海芋季，包含周边至少创造1.5亿元新台币产值[1]（图5-1）。

图5-1　阳明山上的海芋

（二）桐花祭

油桐树曾是台湾客家人早年重要的经济作物，经过两三百年“开山打林”的历史，台湾彰化以北山区、东部的花莲、台东，漫山遍野都是油桐树。油桐生命力强，也被用来描述性格节俭、坚毅的客家人。随着时代变迁，油桐树的经济价值已不复存在，但油桐树有着强劲的生命力，在山林间的初夏时节花开花落，油桐花被美称为“五月雪”。台湾客家管理部门从2002年开始举办“客家桐花祭”（用“祭”字而非“季”字，象征着客家文化传统、肃穆、洁净、虔诚、祈福的精神），最初几年的桐花祭活动主要体现在参与桐花祭活动中的住宿、休闲、餐饮等方面，随后增加了创意产品的注入，2002年首次桐花祭共计341场，人数不到20万；而2012年已经达到2 468场活动，其中有20场大型文艺表演，招揽游客接近千万人次。

截至2018年，桐花祭已经在台湾14个县市举办艺术文化庆典活动。据不完全统计，历年来桐花祭创造产值已超过800亿元新台币[2]。桐花祭目前已达到400种产品，以不同的供应链来做载体，形成了庞大的产业链。通过桐花创意增加和拓展了需求，带动了产业发展，做到了“产业文化化、文化产业化”。每年的桐花祭是客家盛事，也是台湾全年十二大节庆之一，它既庄严肃穆、质朴坚毅，又高洁、灿烂惊艳、喜庆欢乐。台湾《远见》杂志的调查结果显示，客家桐花祭在台湾“最能代表台湾精神和文化”的节庆中排名第七（前七名多为传统节庆，如拜妈祖、中元节等），且为台湾新兴节庆第一名。客家桐花祭已经成为台湾四五月间最有影响力，涵盖台湾中北部及东部广大地区的旅游活动，也是一项高层策划筹款、企业加盟、地方执行、社区营造，多方合作的文化创意产业；既弘扬了客家文化，又带动了客家地方经济，实现了“深耕文化、振兴产业、带动观光、活化客庄”的目标[3]（图5-2）。

图5-2 “五月雪”油桐花的美丽

（三）国际兰展

台湾是兰岛，台湾所有的植物大概4 600多种，兰花就有400多种，占了1/10。台湾兰花产业向来以种源多、育种育苗及催花技术优良闻名于世，素有“兰花王国”的美称。台湾国际兰展自2005年开始举办，每年3月在台南“台湾兰花生物科技园区”举行，吸引许多国际人士前来参观并下单采购，现已与世界兰展、东京兰展并列为世界三大兰展，促进台湾地区与国际兰花界的产官学交流，成功带动兰花产业营销及提升国际知名度，拓展国际市场。

国际兰展这个盛大的兰花嘉年华进一步拓展了兰花市场与提升品牌价值，从而奠定“兰花王国”的称号。2019年国际兰展有43个国家和地区观展，并吸引21万人次参观，3～5年订单可达113.1亿元新台币[4]。通过兰展，不只卖兰花，还把兰花生产过程与设备也推销出去，并展示了其他具有外销潜力的花卉。兰花产业带动了台湾其他的农业发展，给农村带来了活力，活络了社会的经济运作，制造了不少就业机会，让台湾农村许多基层农民，可以通过栽培兰花种苗、培育兰花等工作来获取收入，也维持了农村安定。兰花产业已成为台湾乡村产业业态创新的典范。2021年外销产值和数量突破自2020年以来新冠疫情的冲击，冲破新高，达到2.1亿美元、14 020吨，外销量及外销值均较前一年分别增长8.5%及14.7%[5]（图5-3）。

图5-3　蝴蝶兰的美丽

二、做法与经验

（一）相关机构的引导与扶持

海芋季由台北市产业发展局主办、“农委会”辅导、北投区农会和七星农业发展基金会执行。海芋季的成功举办离不开相关机构正确、适时地推动休闲农业辅导措施。台北市产业发展局自1999年起积极推动海芋产业文化活动，2003年将其定名为竹子湖海芋季，之后每年都举办。相关机构鼓励竹子湖以当地独特的文化资源研发出特有的文化产品，建立竹子湖海芋产业。每年都有专门的海芋季官方网站，详细介绍海芋季缘起、活动资讯、竹子湖采风、交通资讯等。每年海芋季开幕式均有台北市主要负责人参加，如2017年主题走动漫风格，台北市长柯文哲曾扮演火影忍者，邀市民共襄盛举。

桐花祭的主办方为客家管理部门，由于油桐盛花期不易掌握，管理部门设有“客家桐花祭主题网”，清楚标示台湾十三个县市的桐花开花信息。举办音乐、文学及摄影等各式比赛也由客家管理部门发起，总奖金高达新台币216万元。

台湾国际兰展的主办方为台南市（县）政府，每年3月在台湾兰花生技园区内举办，展会面积达20 000平方米，内容包括兰花竞赛、花艺展示、台湾兰花国际研讨会、全球产业论坛、商业洽谈、兰花市集等。规划建成的台南后壁的“台湾兰花生物科技园区”，是全世界最大的兰花单一生产聚落，拥有兰花生产、育种、贸易、展览、研发、推广等多功能的完整生态系，年均营业额达20亿元新台币。

（二）每年不同的主题提高活动的趣味性与话题性

台湾地区注重在花卉节庆中设立主题，只有不断更新举办主题活动，才可以创造新闻的话题，吸引游客的注意力，增加游客的兴趣，并提高新闻度。

比如为提高竹子湖海芋季的趣味性、话题性，台北市相关部门以议题设定、主题营销的方式支持海芋季活动，每年都有不同的主题（表5–1）。

表 5-1　海芋季各年度主题一览表

年份	主题	地景活动
2007	芋意情深	举办海芋宝宝创意造型设计展，推出具有活泼、浪漫、古怪创意的足以代表园区特色的意象娃娃
2008	愈夜芋美丽	推出夜间赏花活动，让游客伴着虫鸣蛙叫声，坐在花田中，啜饮香草花茶，欣赏台北市迷人且浪漫的夜景
2009	芋见你，在北纬25.1度——芋·诗意	进行“唱所‘芋’言”——海芋创作歌曲选拔大赛，竹子湖海芋诗文写作比赛，在线投稿票选“相遇·最美的海芋季节”
2010	相芋，在下一个“国度”	配合台北国际花卉博览会，打造出异地风情，让游客在赏海芋或采海芋的过程中，仿佛置身于荷兰、法国、日本、新加坡、新西兰、意大利、埃及、美国等国度中
2011	芋守缘——缤纷花神，御守一生	由小朋友所扮演的“十二花神”小精灵共同为海芋季揭开序幕，并在许愿树上挂上为市民及海芋季祈福的御守
2012	伊，索的芋言	于各农园打造伊索寓言中最知名故事的海芋地景，如狼与小羊、喝水的乌鸦等
2013	转角芋见爱·情	于各家农场布置爱情故事造景，打造如“梁山伯与祝英台”“泰坦尼克号”等各种不同爱情故事的海芋造景，特别邀请20对情侣亲自下田体验采花乐趣
2014	Dream，海芋·梦田	以台北吉祥动物圆仔熊猫导入故事情节，结合海芋之美，用花艺编织各农园主人的童年梦

（续）

年份	主题	地景活动
2015	梦游仙境	在云雾缭绕宛若仙境的海芋田中，可以看到艾丽斯梦游仙境故事场景人物装置艺术，让海芋季增添童趣
2016	伊，索の芋言（伊，索的芋言）	游客可随着古老的伊索寓言，寻找耳熟能详的龟兔赛跑、放羊的孩子、北风与太阳竞赛等经典故事场景
2017	漫·慢	打造交互式的动漫故事拟真场景，将竹子湖营造成为动漫圣地，让游客踏寻不同风格动漫场景
2018	当幸福来相芋	主打幸福系列相关活动，在圆山花博公园举办联合婚礼，在音乐广场设置了“快闪摄影棚”，展出相关拍摄照片
2019	数数海芋	以“数一朵海芋，许一个有你的愿望”营造浪漫意象，在春天来临时，将最暖心的愿望许给身旁的伴侣和亲友们
2020	芋望尘世	通过海芋与地景花艺，将生活中熟悉的场景转化为各种清新的小确幸供游客拍照

注：为作者整理，下同。

如2012年的主题是“伊，索的芋言”，参赛地景用海芋及各种农副产品打造伊索寓言故事（表5–2），图5–4为地景“狼与小羊”“口渴的乌鸦”，二者分别获得冠、季军。

表 5-2 桐花祭海芋季各年度主题

年份	主题
2020	透气
2019	赏桐诚食待客
2018	桐年
2017	来去选桐花
2016	庄点花漾
2015	花现客庄
2014	桐游客庄，共下闹热
2013	桐乐花舞，春游客庄
2012	桐乐客家，花舞春风
2011	桐庆100，花舞客庄

图5-4　2012年海芋地景花展

桐花祭活动内容丰富：登山健行、生态导览、文艺表演、闯关活动、客家农产品展售、摄影比赛、特色美食品尝、客家擂茶、茗茶、手工艺教学、DIY（桐花版画、桐花纸艺、客家花布发饰体验）、当地艺术成果展（图5-5、表5-3）。

图5-5　油桐花

表 5-3 国际兰展各年度主题

年份	主题	地景活动
2011	世纪兰飨	分为兰蕙馆、竞艳馆、风华馆及梦想馆等4大展馆，通过育种成果、生物科技、大型景观布置及兰花工艺等完整展现台湾兰花产业的实力与专业
2012	兰迎新世纪 全新感受	展览台湾兰花历史的演进与脉络，展现台湾兰花产业迈入下一个新纪元，展览内容包含兰蕙馆、竞艳馆、风华馆、国际大道等4大展区
2013	绽放·无限	以发现“自然”中的兰花、寻找“记忆”中的兰花、兰花产业发展的“想象”、传唱兰花优美的“喜悦”、营销兰花产业的“节奏”、发现兰花的“旋律”及兰花产业丰收的“悸动”等7个不同意境，呈现兰花之美
2014	惊艳十年 十大亮点	有兰色梦幻馆、兰得一见馆、十年回顾展、兰花市集、台南农业馆、结金兰兰花文创区、生技生活文创展区、异国风情区、台南风味馆、漫游休憩区等十大展区
2015	悠游兰海	首次将剧场设计概念导入兰花景观中，将景观的呈现延伸至全场空间的体验；将兰花注入美学概念，融入生活与文化，与流行时尚相结合，带动更多元产业发展，多渠道整合营销，让兰花产业茁壮成长
2016	猴（Hold）住幸福	配合猴年，展出生产地在南美洲秘鲁及厄瓜多尔雨林中的猴面兰；通过人生各阶段历程规划童年、青春、恋爱、成家、旅行及圆满等区，展现人生不同的幸福感
2017	台南台兰·生生不息	结合台南从山林到海岸的地理环境、台南深厚的历史人文宝藏及现代科技带动社会发展等3大元素设计8大主题景观，布展融合兰花香味、水景、喷雾、光影投影等五感体验，让游客有如亲临兰花栖地
2018	兰亭荟萃 以兰会友	展现台湾兰花产业多元面貌
2019	兰境——阅读台南	将台南悠久历史轨迹融入恣意盛放的兰花，以古老文化搭配崭新兰花景观艺术，创造出兰花新灵魂
2022	兰花奇幻世界	以知名童话故事为原型，创作海底世界、山林瀑布、险恶鬼岛、甜蜜森林、沙漠绿洲及梦幻城堡6大景观
2023	兰花魔镜——看见新起点	穿越到“大彗星风兰”生长的白垩纪原始森林，通过万花筒的魔镜世界，看到兰花的起源、发展及变化，有4只声光效果的巨大侏罗纪恐龙，还有12米高的吉祥物Orchid兽，以及万代湖畔旁8米的蛇颈龙

（三）注重科技研发

1988年台湾开始采用生物科技，通过设施栽培来调节花期，兰花产业迅速发展。近年来，将生物科技应用在兰花培育上，除了用来进行组织培养、病毒检定、保鲜剂开发之外，更可通过基因工程来改变花色、控制开花时间、增加抗病虫害的能力。以蝴蝶兰科技研发为例，由于育种技术突破、新品种开发、栽培管理、产期调节及采后贮运技术不断进步，台湾兰花在全球花卉市场一直保持领先地位，其中最主要的优势是品种创新和繁殖技术，使台湾成为全球蝴蝶兰产业链中的上游种源供应中心；目前蝴蝶兰育种方向除了注意花色、株型、持花性、花朵大小、花朵数、花排列整齐度、花梗高度外，还以市场需求为导向进行育种及生产。其次是生产管理能力，创造高生产力和低生产成本的优势，通过温室设施环境改良、栽培介质最佳化调配、施肥改进及病虫害防治等措施，蝴蝶兰生长期缩短到只需16个月即可开花，且由于无菌培养实生苗，生长点组织培养及花梗扦插繁殖技术等的发展，种苗可以大批量生产，蝴蝶兰成为大面积栽培的高经济花卉；在抗病毒方面，已由过去抗单一病毒植物，发展为抗多种病毒的转基因植物；兰花产业应用自动浇水机，可提升水资源利用效率33%～50%。2004年起台湾成为全球唯一兰花可以携带介质销往美国的地区，2010年允许带介质蝴蝶兰输入澳大利亚。此外，通过生物技术制造兰花沐浴乳、兰花面膜、兰花香水等产品，提升产业价值（图5-6）。

图5-6　兰花组培苗生产

三、启示

（一）花卉文化季一定要融入文化创意

海芋创作歌曲选拔大赛和诗文写作比赛，在线投稿票选“相遇·最美的海芋季节”，更是大大激发了公众的参与意识，并吸引媒体竞相报道，增强了宣传效果，而且这种比赛也是海芋季主题灵感的来源途径之一。为进一步提升海芋的价值，台湾相关部门通过扩大办理竹子湖海芋季整体产业文化系列活动，加强推展竹子湖海芋产品的整体形象设计与包装，从而提升海芋的价值及其受喜爱的程度；同时，还通过扩大宣传带动更多游人前往竹子湖赏花和消费，促进竹子湖地区产业经济的发展。鼓励当地农户利用园区参与竹子湖海芋地景花艺设计比赛，吸引当地农民参与，并举办为期4天的海芋花展，从而提升竹子湖地区的整体景观。主题活动与文创元素，如海芋农田体验、田园景观写生、海芋花展、摄影比赛等，吸引了更多游客。

桐花祭将文化创意和营销宣传落实到了休闲农业的载体上，文化在乡村的泥土里生了根。创意产品不仅丰富了桐花祭活动的趣味性，同时也是桐花祭活动具有持续生命力的源泉。桐花文艺包括音乐、文学、视频、摄影等，桐花文学奖主要分为散文、小说、新诗和小品文。结合旅游、文艺、民俗展开系列活动，如结合85家桐花好康餐厅，97间桐花商品贩卖店，开发出数百件桐花文创工艺品。创意产品不仅丰富了桐花祭活动的趣味性，同时也是桐花祭活动具有持续生命力的源泉，最终形成了百亿元产值。

台南导入文化创意元素，推出兰花耳环、项链、服饰、精品等，发展兰花体验式观光休闲活动，塑造兰花城市意象。

（二）异业联盟

海芋季活动通过与客运公司、百货公司、餐饮业等异业联盟，既使活动更有深度、内容更加丰富，也增强了宣传效果。与明星、时尚达人等合作，如台湾歌手萧敬腾演唱的《海芋恋》成为海芋季的最佳形象代言；2017年还邀请知名街头艺人林瑞杰连续两个周末进行4场萨克斯风演奏。

桐花祭每年邀请知名文艺表演团体，表演“桐花树下音乐会”，如2020年音乐剧《最美的绽放》，由客家管理部门主办，叙述客家细妹进入桐花森林的一场奇幻之旅，由专业的影像设计、作曲家担任音乐指导，专业客家歌手演出、献唱；并邀请世界花式溜冰冠军选手、立方体特技演员、空中绸吊演员、大球舞者，共同演出。

台湾兰花产业运用信息产业建造自动仓储和先进的温室，由于大规模生产的合理价格和配合空运的物流系统，台湾成为兰花的全球运筹中心。兰花产业链分为上游的育种繁殖、中游的育苗催花以及下游的运销等环节。目前兰花上中下游业界纷纷进驻台湾兰花生技园区，还在世界主要花卉消费市场兴建营销基地，已产生产业集聚效应。台湾兰花产业育种育苗能力领先全球，目前已推动种植、肥料和花器等相关产业发展，台湾兰花产业是产业链延伸延长发展的成功案例。国际兰展通过兰花与生技、文创等异业多元结合，也展示兰花的延伸性商品，如文创产品和美容保养品，通过异业结盟延长产业链创造新需求、新市场和新价值。

（三）充分发挥区域特色资源优势

竹子湖是台湾少数适宜栽培海芋的地区，自然资源丰富，其所属的阳明山公园位于台北市郊，交通便捷，是都市人节假日休闲的好去处。海芋季善用竹子湖文化资源与特色，顾及竹子湖特殊需求及地方文化特色的保存与再发展，创造了多个唯一性的创意农产品及农业活动，因富有创意，难被复制，大大提高了消费者参与海芋文化活动的意愿。海芋季不仅体现了经济和自然生态文明的要求，也促进了文化社会生态文明的发展。还原竹子湖的社会生态，大力拓展其社会功能，由此所吸引的人流和资金流又进一步提升农民生活品质，从而形成良性循环。

桐花祭将美丽的桐花、厚重的客家文化进行整合，将对客家文化的传承与记忆寄托在美丽的桐花上，通过祭祀的形式得以展现。

"台湾兰花生物科技园区"具有兰花生产、育种、买卖交易、展览、研发等多功能，通过园区内的产业聚落效应，协助进驻园区的花农创新研发新品种，再以卫星农场体系结合园区内外花农从事大规模生产，共同开拓国际市场。台湾兰花生技园区成功地为蝴蝶兰产业营造产业聚落，同时成功地结合台湾兰花产销发展协会的业务推动与国际兰展的国际营销，建构了完整的产销体系和创新生态系统，从而强化国际竞争力，创造外销产值的稳定增长。

参考文献

[1] 周琼，雷立芬，曾玉荣．台北市海芋季创意农业的发展及其启示［J］.福建农林大学学报（哲学社会科学版），2012，15（5）：5-8.

[2] 袁勇麟，宋霞，涂怡弘．台湾文化旅游产业研究——以客家桐花祭为例［J］.福建艺术．2020（6）：24-31.

[3] 俞龙通．节庆活动组织创意与创新之研究——以客家桐花祭为例［J］.赣南师范学院学报．2010，31（5）：3-11.

[4] 廖琬庭，冯诗苹，李佳芳．优雅兰花飘香府城古都——2019台湾国际兰展活动纪要［J］.农政与农情，2019（322）：101-104.

[5] 兰花研发中心.2022-11-02起"成兰之美"暨"兰花研究新知与产业前瞻发展国际研讨会"［P］.https：//web.ncku.edu.tw/p/16-1000-245230.php?Lang=zh-tw。2022-11-01.

第六章

台湾果业新业态案例分析

台湾地处亚热带与热带，并具有不同海拔不同气候，因而可以生产热带、亚热带及温带水果，加上利用品种特性及产期调节技术，可周年生产的水果达30多种，因此台湾素有“水果王国”之称。青梅和草莓是台湾的传统水果，经过多年结合酿造等加工产业，并融入文化创意发展，实现了业态创新，取得了很好的成效，其经验值得中国大陆借鉴。

一、案例概述

（一）南投信义乡的青梅产业

南投信义乡1952年成立了农会，开始对梅子生产采用集约化管理方式，使得信义乡成为台湾最大的青梅产地，被称为“梅子的故乡”。1989年梅子加工厂成立，通过简单的腌渍处理制成梅胚，作为出口外销的半成品原料。1996年信义乡设立食品加工厂，开始将梅子产业延伸至加工业，提升梅子加工的质量和产品研发的多样性。2002年信义乡农会在台湾当局的辅导下成立了“梅子酒庄”，成为台湾第一家民营酒庄，在逐步改善制酒技术和设备后，酒庄开始重视酒品的风味和品质，将青梅产品进一步深加工，研发出多种多样的青梅酒，而且结合布农族（当地的少数民族）文化，设计了一系列酒品牌。2007年信义乡农会将全乡梅子资源、食品加工厂、梅子酒庄等资源进行整合，成立了“梅子梦工厂”。

截至目前，信义乡青梅的种植面积约800公顷，占全台湾的34%；产量大约12 000吨，约占全台湾的40%；已开发180余种梅子系列产品，每年创收8 000多万元新台币。通过传统农业产业、工业、服务业、文化创意等产业的高度融合，信义乡梅子成为礼品，品牌成为故事，工厂成为观光景点，带动了旅游、餐饮、农特产品销售、衍生产品的开发和销售等产业的发展，当地农民收入大大提高（图6-1）。

图6-1 梅子梦工厂园区

（二）苗栗大湖乡的草莓产业

20世纪90年代后期，大湖地区草莓栽培技术与品种大幅提升，供过于求，农民收益不佳，于是大湖农会2002年利用闲置粮仓转型成立“大湖酒庄”，走观光道路。先是通过辅导认证和设施栽培新技术进行技术转型，从而保证草莓产品质量，提高抗病虫害能力，降低成本；接着通过服务转型，尝试让游客感受农村氛围，引导消费；于2002年成立了大湖酒庄，2004年草莓文化馆正式开放。目前大湖全乡约有2/3农民以栽种草莓为生，种植面积近500公顷，占台湾将近90%，有300多家观光草莓园，被称为“草莓王国”。

每年农会耗用60～70吨的原料，大湖99%的稻田都转种草莓了，35%～40%的草莓用于游客采摘，其余的用于加工；每分地的收成大概是15万～20万元新台币，净利润超过10万元新台币。据统计，大湖草莓年产值达10亿元新台币，因草莓带动发展起来的休闲观光产业，也有10亿元新台币，一年产值可超过20亿元新台币。草莓产业已发展成集旅游、度假、温泉、礼品购物消费等为一体的观光农业，农民的纯收入至少翻了1倍（图6-2）。

图6-2　大湖酒庄园区

二、做法与经验

（一）举办节庆，带动观光能力

信义乡农会每年投入大量的人力结合当地资源举办赏梅季——踏雪寻梅、葡萄节以及梅子节等三大庆典，其间的“千人制梅”“梅花DIY达人秀”等活动都成为具有地理文化标识的互动游戏，通过相关的文艺表演以及亲子活动吸引大量的观光者，让大家亲身体验当地产业文化，从而提升信义乡整体的观光竞争力。踏雪寻梅系列活动，除了延续十几年的“甜蜜负担——夫妻背负竞赛”“同心伉俪——滚橡木桶竞赛”活动外，还有梅花DIY、亲子剪梅、画梅·话梅茶会、梅好音缘——Butterfly交响乐团表演。梅来缘趣——布农民族表演。每个节庆每年的主题都不同，如2015年南投梅子节主题是“春梅来了”，2016年南投梅子节主题是“梅奶了蒜”——信义青梅哥迎娶刺桐蒜头妹，2017年南投梅子节主题是“斗阵（闽南话，即一起）来做梅”。还通过创意健康活动，行销产地自然健康印象，如2014年信义乡葡萄节马拉松，2016信义乡葡萄节滑水嘉年华。如此让不同季节、不同时期都有不同的活动，吸引游客的注意力，增加游客的兴趣，并提高新闻度。单纯的观赏对于游客而言容易产生疲乏感，同样的梅花、梅树不是只有信义乡才有，只有不断地举办主题的活动，创造新闻的话题，吸引游客的造访，才能强化旅游的新鲜度，吸引游客的关注。

草莓文化艺术节从2003年开始举办，每年的草莓盛产季节，正好遇到圣诞节、跨年、寒假、春节与情人节等年度重要的节日与旅游旺季，而且草莓香甜好吃，娇艳的鲜红果实和甜中带点微酸的滋味，更让草莓与爱情产生联想，也经常被用于蛋糕、甜点的搭配食材，成为象征甜蜜幸福的最佳水果，因而可爱又香艳欲滴的草莓标志是大湖草莓季必备的象征，而活动的名称与内容更与草莓相关，每年的草莓文化活动都有不同的发展主题[1]，如2005年的“新草莓运动”、2006年的“草莓新乐园”，2007年的“草莓温泉季”，2008年的“幸福草莓冬日脸红红”，2009年的“开心草莓农场”，2010年“潮莓正传”，代表草莓从麻雀变凤凰的意思，2011年的“暖暖冬季幸福莓”，2012年的“莓开眼笑大感谢季”，2013年是“喜上莓梢”。2020年的草莓季主题是“鲜甜湖莓，像极了爱情”，表示吃一口草莓，就能品味舌尖上幸福甜蜜的滋味。每年的草莓文化艺术节都会有一系列的活动，如记者见面会、发送草莓盆栽、新鲜草莓现场品尝、城市美莓开舞或拿新鲜草莓走秀，或者是草莓竞标活动、歌舞表演或乐团表演等。

（二）注重加工，产品研发不断推陈出新

信义乡已开发出180余种梅子系列产品，产品分为八大类，包括信义梅果、精强梅精、养生梅汤、休闲食品、料理总铺师、玉山好茶、伴手礼盒、精萃保养、在地佳酿等，琳琅满目。其中精深加工的产品主要有多功能洁净露、嫩白精华液、活肤皂、牙膏、面膜、护手霜、防蚊液、洁肤BA等。酒庄酿造成果也备受肯定，多款产品获得国际酒类评鉴的金银奖（图6–3）。

图6–3　多样化的梅子产品

大湖乡各式各样的草莓伴手礼令人目不暇接，除了利用草莓的可食性生产食品，如草莓香肠、草莓饼干、草莓煎饼、草莓豆干、草莓桐心卷、草莓汉堡、草莓咖啡、草莓贡丸、草莓肉丸、草莓酒冰淇淋、草莓晶球鲜乳糖、草莓果冻、草莓巧克力、草莓酥、草莓醋、草莓酒、草莓酱、草莓豆腐乳、油炸草莓等，还利用草莓的卡通形象生产各种家居

用品如草莓布娃娃、草莓椅、草莓娃娃遮阳帽等，以及利用草莓的香味及活性成分生产护肤美容用品如草莓沐浴液、草莓美容手工皂等。酒庄酿造成果“典藏情莓”2018年荣获布鲁塞尔国际烈酒竞赛金质奖。据统计，假日园区内仅草莓酒香肠这一单品每天即可售出3 000个以上（图6-4）。

图6-4　各式各样的草莓伴手礼

（三）融入文化创意，提升产品吸引力

信义乡农会通过说故事的方式将产品与布农族文化、创意文化结合，赋予产品故事性，打造出许多独具地方特色的农特产品，如“小米唱歌”“梅子跳舞”“长老说话”“忘记回家”“山猪迷路”等系列产品；而且通过对故事内容的挖掘，赋予了每个故事完整的内涵。用故事文化包装的产品，具有非常丰富的传播元素，不用广告和宣传，便能吸

引消费者以及游客的注意力，游客会自动帮助宣传和传播，无形中建立了口碑。整个梦工厂包括梅子醋工坊、幸福酒窖、山猪迷路游憩区、长老说话伴手礼馆、忘记回家梅子酒庄、梅子跳舞工坊、TALUGAN休闲驿站（景观餐厅、原住民馆、玉山纸箱动物园、石版酒窖）、半路店和花语小径等九大区域，加上各种可爱的人物动物形象、景观小品，构成一个文化创意园和观光景区。园区充满信义乡布农族的相关元素，不仅强化园区的主题特色，达到每一个地方都有故事、每一个角落都有文化的效果，更能增加园区的故事性和内涵，具有独特魅力，提高游客的记忆点。信义乡农会还根据品牌故事，发挥台湾设计人才的优势，为每个故事人物创造了相应的卡通形象，甚至编制动画，使得一个个生动有趣的品牌故事得以迅速流传开来，信义酒庄成为台湾第一家会说故事的酒庄[2]（图6-5）。

图6-5　梅子梦工厂的故事

大湖草莓酒庄为了建立水果酒的自我品牌，特别选用草莓酒来包装设计故事，如在卖酒的介绍上印制“草莓，俗称爱情果，用爱情去酿的酒就是草莓酒”，并且在包装设计上营造浪漫与梦幻的高贵感受，使整体质感与价格都能提升。酒庄主要生产系列草莓酒，如湖莓恋、草莓淡酒、草莓香甜酒、醉佳情李、典藏情莓、挑战五十等。通过草莓文化馆向游客介绍草莓的起源、生态与品鉴等，寓教于乐，充分发挥草莓作为大湖招牌的价值。草莓文化馆除了有农特产品展售区销售草莓相关系列产品外，还有放映室及礼品区，另有DIY纸黏土教学，有播放草莓文化馆及周边景点简介的影片，贩售草莓特色产品及客家桐花商品、DIY纸黏土教学；草莓生态展示区，介绍草莓诞生、草莓历史、草莓育种、草莓食用等相关知识，寓教于乐；具有田野风味特色的餐厅及空中花园如湖莓宴主题餐坊，研发以草莓、草莓酒为原料的创意料理，游客可享用特色美食、餐饮、品茗、喝咖啡、欣赏大湖地区风光。此外，大湖酒庄各种设施的设计，从大的公交车站、售货亭、招牌，到小的垃圾桶、电灯开关，无不与草莓有关（图6-6）。

图6-6　大湖酒庄的草莓元素

三、启示

（一）农民组织带动乡村产业业态创新

农会是台湾地区最重要的农民组织。信义乡农会和大湖乡农会在带动乡村产业业态创新中功不可没。农会将其会员生产出的农产品予以集中，形成规模效应，后续再对这些农产品进行分拣、分类包装、专业加工、集中存放等，以批量运销的形式加以出售。以农会为主要推动者，在县乡政府支持下，对区内草莓园和青梅园及相关项目进行引导和共同推广，并补充单体草莓园和青梅园无法实现的文化园区等重要产品，丰富游客体验。农会带动农业规模化生产，制度化和规范化运销，核心产品及相关副产品研发，引领园区文化创意产业发展，促进了乡村产业业态创新的顺利进行，农会已成为乡村产业业态创新的重要主体。

（二）把农产品打造成有故事的礼品

台湾主要是通过将普通的农产品注入科技、文化内涵，通过改变农产品形状、色彩和口味等物理功能的同时，融入文化元素，增加农产品的文化艺术含量，并根据市场需求，运用新理念把农产品变为艺术品，把农业种植当艺术创作来做，把农产品加工制成了艺术品和深受旅游者喜爱的纪念品，让它承载更多的情感、文化内涵，赢得更多的市场认可，吸引更多消费者，感受与实用艺术结合在一起的“美的农产品”，美味、美艳、美形给人们带来五官享受，更有效地发挥产品的功能。这种创意农产品或服务作为最终消费品满足了消费者多样化需求和效用提升的需要，进而为生产者带来更高的利润。借助于创意产业的思维逻辑和发展理念，可以有效地将科技和文化要素融入农业生产，可以对农业生产、加工、运输、销售、服务等产业及休闲、观光度假、体验、娱乐等功能进行改造、提升，使农业各环节联结为完整的产业链条，形成彼此良性互动的产业价值体系，衍生出基于消费者需求的食、住、行、游、购、娱的全产业链创意产品和服务，进一步拓展农业功能，通过口感的创新、视觉的创新，为消费者提供感性的场景、感动的服务、感人的故事，带给消费者从感官到心理、精神的全方位满足。

（三）三产融合实现业态创新

农村的传统产业是第一产业（农业），由种植业和养殖业两大业态构成，通过一二三产业的融合发展，可使第一产业在种植、加工、包装、运输、宣传、销售、服务等环节被创新改造，形成新的产业形态，第一产业的产出方式或产出结果发生改进，从而引起农产品品质的改进、农业生产效率的提高、农业复合效益的发挥[3]。农业与工业融合，产生了农产品深加工行业，产生了依托农业机械的大型农场，还可对农产品进行精细的品牌化包装并延长农产品的保质期[4]。农业与旅游业的融合，通过挖掘农业生产的非商品产出功能（如环境、文化等功能），把农业经济、旅游经济、科普教育工作结合起来，从而取得最大效益，实现可持续发展。农村产业融合之后，产业逐渐附着了创新性、渗透性、高附加值、强辐射性的特征，这为农村产业的发展注入了源源不断的发展动力。信义乡农会全面整合产业资源，全力推动产业延伸，将特产青梅结合酿酒文化、现代视觉艺术博览、产品创意主题活动等，形成传统农业产业、工业、服务业、文化创意等产业的高度融合，将产品做到极致，从一个青梅到“梅子梦工厂”，从一个穷乡僻壤逐渐发展成为以产品为中心的观光景区。大湖乡农会以草莓产业为基础，结合温泉等生态资源，融合农副加工、文化创意、商贸节庆、特色服务等二三产业，相辅相成，将草莓的开发和品牌运作植入当地乡村的文化生活里，生产、销售、研发、推广、文化创意、节庆休闲环环相扣，带动当地产业发展。

参考文献

[1] 吴沛臻. 客庄文化产业——大湖草莓酒之研究 [D]. 台湾交通大学，2013.
[2] 佚名. 梅子梦工厂：创造梅子品牌故事 [J]. 中国农民合作社，2015（9）：32-33.
[3] 席晓丽. 产业融合与我国多功能农业建设初探 [J]. 福建论坛（人文社会科学版），2007（9）：20-23.
[4] 刘海洋. 农村一二三产业融合发展的案例研究 [J]. 经济纵横，2016（10）：88-91.
[5] 单福彬，李馨. 我国台湾地区创意农业的发展模式分析及经验借鉴 [J]. 江苏农业科学，2017，45（11）：294-297.

第七章

台湾休闲观光牧场案例分析

休闲观光牧场有别于传统的牧场，其利润不仅来自畜牧产业化带来的收入，也来自游览牧场带来的收入，有些观光收入甚至超过畜牧业收入。飞牛牧场、瑞穗休闲农场、初鹿牧场都是从传统的乳牛场转型升级而成，利用其丰富的资源把观光游转变为深度体验游，游客在其中可体验给小动物喂食、挤牛奶、制作乳制品等活动，也可近距离观看动物驯养表演。休闲观光牧场是集现代畜牧养殖示范、科普宣传、休闲观光体验于一体的既能满足人们亲近自然、回归田园的精神需求，又能体验喂牛、挤奶、乳品加工的游乐需求的新型体验式牧场，构建了具有“可学、可游、可食、可览”为特色的新型经营模式，既可宣传乳企品牌，又可满足城市居民的休闲、旅游需求，还倒逼牧场加强管理和注重环保，开创了奶业未来发展的“蓝海”[1]。台湾休闲观光牧场发展起步早，其成功经验值得中国大陆借鉴。

一、案例概述

（一）飞牛牧场

位于苗栗县通霄镇，飞牛牧场前身为“中部青年酪农村”，1995年该乳牛示范区转型为休闲牧场对外营业，经营面积120公顷，服务设施面积50公顷。1996年1月，飞牛牧场主自行研发乳制品DIY活动（鲜奶冷冻DIY）受到游客们青睐。2002年2月，牧场开始推广学校户外教学业务，涉及研学领域。2004年、2005年连续获得台湾休闲农业学会及台湾省观光农园发展学会所评鉴的特优、优良农场。2006年开始参加海外（东南亚）国际旅展，飞牛牧场名声走向国际，开始接待国际旅客。2008年1月，牧场取得台湾第一张综合型休闲农场许可登记证。2011年2月，牧场再次升级，并且荣获休闲农场“体验、餐饮、住宿”服务品质认证。2011年5月，飞牛牧场建立台湾休闲农场首家绿色商店；6月，配合环保管理部门“绿行动传唱计划”，推出“绿色旅馆、低碳飞牛”绿色旅游住宿专案，同时，牧场的乳品加工场获得HACCP（危害分析重要管制点）认证。2014年，第一间飞牛牧场直营店成立。2015年，飞牛牧场荣获网络台湾十大疗愈草原称号。飞牛牧场在体验、餐饮、观光、住宿等休闲领域日渐成熟壮大，成为台湾农业从传统生产产业转型至服务产业的典型农场之一，年客流达30万人（图7-1）。

图7-1　飞牛牧场的景观

（二）初鹿牧场

位于台东县卑南乡明峰村，面积约60公顷，海拔约200 ～ 390米，1973年成立，是台东地区历史最久的大型观光牧场，之前委托土地银行代管经营，于2005年转为民营。初鹿牧场位于高台地，坡度不大，排水良好，且气候温和，雨量丰沛，因此牧草生长旺盛，终年可供应青割牧草，适合经营牧场。2013年总的销售收入有1.5亿元新台币，利润有2 000多万元新台币。牧场现在每年吸引40万观光客，除了门票收入，还带动消费，2013年观光产业为牧场带来4 000万元新台币的营收（图7-2）。

图7-2　初鹿牧场的景观

（三）瑞穗牧场

瑞穗牧场位于花莲县舞鹤风景区内，占地30公顷，共饲养了近300头的荷兰种乳牛，于1994—1996连续3年位居全省酪农评比第一名。1998年“统一瑞穗鲜乳”品牌鲜乳上市，销路较好，由于公司在各大媒体的统一宣传，瑞穗鲜乳已成为高质量鲜乳的代名词[2]。2000年瑞穗牧场正式转型为休闲牧场（图7-3）。

图7-3　瑞穗牧场的景观

二、做法与经验

（一）牧场环境优美，观光促进产业升级

观光牧场都有广阔无垠的草原美景，草地上自由吃草、闲逛的奶牛，

还有多种多样的小动物如兔子、鸵鸟、小鸭、小羊等，以及趣味十足的乳牛雕像广场等，营造出自然纯净的生态美景，打造了一幅幅动植物相生融合的治愈性景观，吸引眼球，疗愈身心。

飞牛牧场依照自然景观，利用丘陵坡地，形成三面环山、一面开阔的地貌景观组合格局。该牧场的整体景观意象是“广阔优美的天然牧场”，已成为中部有名的观光牧场，是电视剧《一剪梅》和《薰衣草》的拍摄地。该牧场通过偶像剧的魅力打响国际市场知名度，香港、新加坡旅客络绎造访牧场追星、捕捉场景，其优美的自然环境也逐渐成为新人们青睐的婚纱摄影取景地（图7-4）。

图7-4　飞牛牧场的优美环境

初鹿牧场有辽阔恬静的原野风光，成群的乳牛和绿色的草地，搭配雪白的围栏、朱红的房舍，在蓝天白云衬托下，仿佛置身欧洲庄园。牧场内设有露天茶座、露营烤肉区和森林浴场，并提供住宿。规划有干草制造区、青割牧草区、放牧饲养区和森林步道区。初鹿牧场除了乳牛为特色之一外，还划分为露营区、产品贩卖部、凤梨园、茶园、槟榔2园、枇杷园和竹林等区域，适合露营（图7–5）。

图7-5　初鹿牧场的奶牛

此外，观光牧场为游客们提供住宿服务，满足不同的市场需求，也提供特色餐饮（图7–6）。

图7-6　观光牧场提供餐饮与住宿

（二）活动设计充满趣味性和知识性

飞牛牧场现已成为台湾西岸最具孩子气的牧场，该牧场深入研究动物的生活习性，找出动物活动和人类情感联系紧密的点来设计充满趣味性和知识性的项目，如黑山羊生态区就是利用黑山羊喜欢登山攀岩的习性，建成台阶和天桥，游客在桥下投喂饲料，饲料通过滑轮组提到桥上，黑山羊在天桥上吃饲料；鸭BB大游行则是利用鸭子的合群习性，定时组织鸭BB游行。在DIY项目中，“冰淇淋摇摇乐”是将香浓的牛奶从水状搅拌成稠状，最后成为冰淇淋；“摇滚瓶中信”是在透明的玻璃瓶子里，把乳脂变成黄油。这些极具创意的项目激发了学生浓厚的兴趣与强烈的好奇心，提供了探索和研究的机会，达到环境教育的目标[3]（图7-7）。

图7-7　飞牛牧场的活动项目

初鹿牧场提供乘坐游园马车、喝咖啡、滑草、喂牛、喂羊、挤牛奶等活动，瑞穗牧场设有游客中心、露天咖啡座、自行车道等设施，牧场规划的亲子游憩区、赏鸵鸟区等，可以近距离喂小牛、鸵鸟，也可以在这里喝咖啡[4]。

（三）形成完善的产业链，更加突出牧场主题特色

如初鹿牧场的牛奶生产商规模在台湾岛居第8位，占有率在7%～8%，但只生产鲜奶，每天收奶10吨，上午10点开始生产，下午2点冷冻车来牧场收运，第2天早上就到宅配（没有在各大商超上架）。从牛奶挤出来，保证24小时内到客人手中。保存期只有8天，但一般当天就卖完了。由于距离的原因，牧场的产品只供应台东、台南、高雄三个县市。总产量每天只有1万瓶，但初鹿牧场的鲜奶每瓶售价85～90元新台币，在台湾鲜奶市场上算是比较贵的。初鹿牧场规模不大，主要产品就是一种1升包装的牛奶，日产也不过8 000盒。但从牧草种植、奶牛养殖、牛奶生产、奶制品加工到冷链运输，已形成了完整的产业链条，主打概念是有机。除了鲜奶，还利用鲜奶调制各种不同的产品，如鲜奶冰淇淋、鲜奶酪、炼乳、鲜奶馒头、牛轧糖和牛奶糖，以及牧场特产的霜淇淋等，餐厅还提供鲜奶火锅（图7-8）。

图7-8　初鹿牧场的商品

飞牛牧场从生产体系、加工体系、销售体系，再到观光体系，每个环

节互为铺垫。例如，牧场果蔬区的有机蔬菜种植，肥料为牧场牛羊等的粪便；DIY·露营·烤肉区及中心服务区（餐饮区）、乳制品加工坊等所需肉类、蔬菜等原料，又是果蔬区和生态区所提供，生产、加工、销售、观光的封闭循环，不仅形成了完整的产业链，还实现了生态资源的可持续发展，更加突出牧场主题特色。

（四）融入文化创意

飞牛牧场的乳制品、装饰品及伴手礼就是艺术品，充满创意，无不跟“乳牛”有关，可以看出其有意把乳牛元素突显出来的设计。瑞穗牧场的围栏、垃圾桶和卖场的柜台、食物托盘的设计多采用黑白花搭配，随处可见奶牛的卡通元素。除了新鲜牛奶之外，鲜奶小馒头、牛轧糖、奶酪蛋糕、鲜奶酪、乳制冰品、润滑霜等也很有名，此外，还有许多以乳牛为主题的商品，从乳牛贴纸到乳牛餐具、牛奶皂、乳牛伞、乳牛钟、乳牛玩偶等，乳牛造型的马克杯、文具、餐具与饰品等（图7–9）。

图7-9　牧场的乳牛元素

三、启示

（一）突出优势，形成特色

台湾地区的休闲观光牧场，多以“小而精”取胜。不刻意追求牧场的面积，也不要求所养殖规模的大小，但非常注重精细管理，精深加工，融入创意，提升品质。有的产品甚至限量供应，量少质精，坚持以质取胜，以特色取胜。无论是生态景观、DIY活动，还是牧场体验，通过景观雕塑、卡通指示牌、专业解说，将每个区域、每场活动优势特色展现得淋漓尽致，既让每个功能区都有自己的小主题特色，又形成了整个牧场园区主题优势。同时，牧场简单色调的建筑风格及工作人员的耐心服务，又增加了牧场的品牌魅力。

（二）沉浸式体验，提升游客的认同感

由于游客的旅游经验日渐丰富，纯观光的单一旅游产品已经不能满足游客的需求。且休闲观光牧场的很大一部分游客来源于亲子家庭，所以牧场还需要满足亲子游客想要培养孩子的创造能力的要求。因此，开发休闲观光牧场应从深度体验牧场生活着手，设计与其相对应的一系列产品线，游客可以亲身感受从未体验过的牧场生活。

从牧场体验活动到牧场住宿与餐饮，精心设计不同类型、不同层次，满足不同年龄游客的旅游吸引物。孩子们能在这里探索世界、寻觅自然界动植物的奥秘；大人们能在这里找到童真，唤起儿时纯净的美好；老人们能在这里品尝到健康美食，感受儿孙承欢膝下的快乐，同时，牧场借由自然景观和小动物，让游客们在点滴体验中，真正懂得“尊重自然、爱护自然”。

休闲观光牧场经营者应转变自己的观念，将每一位游客当作朋友来对待。与游客分享产品制作的过程，分享牧场创业的经历，分享管理牧场的小故事，分享制作产品的心得，游客的体验感也因此得到强化。

（三）产业融合延长产业链

观光牧场立足农牧业，将产业环节与旅游产品无缝对接，逐步打造成为集观光游览、科普教育、产品展销、餐饮美食、休闲体验、商品购买、度假住宿等为一体的旅游目的地，形成一个较为完整的农旅产业链、一个可持续发展的商业模式。而且牧场从果蔬有机种植，以及乳制品、甜点、衍生品加工，都坚持原料自产（或就近采购），既保证了生态、环保、健康，又形成了产品特色，同时，在园区内开设不同类型的商店，在生产加工过程融入DIY体验活动（烤饼干、制蛋糕等），即实现了产销对接，又实现了产业升级，让一二三产业巧妙融合。

在这些牧场，农产品得到四次消费：第一是养牛，第二是杀牛（屠宰、加工），第三是卖牛（牛肉、牛奶），第四是“吹牛”（文化创意）。

参考文献

[1] 吴胜军. 休闲观光牧场的现状、机遇、发展前景及建议［J］.中国奶牛，2020（1）：51-53.

[2] 王淑瑛. 从一无所有到做到最好——林京彰打造瑞穗牧场传奇［J］.农政与农情，2009（202）：35-38.

[3] 周琼. 台湾休闲农业创意特色之剖析［J］.台湾农业探索，2014（3）：1-5.

[4] 金城. 初鹿牧场的生存之道［P/OL］.https：//business.sohu.com/ 20140321/n396964816.shtml（2014-03-21）.

第八章

地方特色产业新业态案例分析

台湾地区从1989年起，在乡镇中挖掘深具当地特色的产业及产品，以“一乡镇一特色”为发展目标（简称OTOP，One Town One Product），由辅导团队协助，用知识经济的概念，以创新、创意和品牌提高产品的附加价值，培育人才、创造当地的就业机会，有效地与当地生态、观光、节庆相结合，形成更有规模且可永续经营的经济体。目前地方特色产业发展已取得一定成效，本章以六个案例分析的形式阐述其经验。

一、南投埔里茭白笋产业

茭白笋除去外壳后，白嫩笋茎有如美人姣好的腿，因而台湾称之为“美人腿”。南投县埔里镇拥有优良水质与温和气候，是茭白笋主要产地，有“茭白笋王国”“美人腿的故乡”的美誉。

（一）高科技提高产量、改进品质

埔里茭白笋质优味美，除了与当地的气候和水源等资源优势有关外，还跟农民的栽培技术有关。在茭白笋田里套种绿萍，能降低水温与遮光，避免温度过高影响茭白笋成长，可确保茭白笋雪白、细致且直。2000年茭白笋田爆发基腐病与矮化症，严重影响了茭白笋的产量和质量。“农委会”农业试验所在防治基腐病的同时，尝试利用LED照明应用在茭白笋生产上，结果发现利用LED照明可使茭白笋从原来的一年收获2次，提高到4次，延长茭白笋的产期，并可防止矮化现象。LED光源可选特定波长并调整光量，符合茭白笋所需的光波可调控茭白笋产期、产量及质量，将茭白笋种植业和LED光电产业融合发展，延长茭白笋产期，提高茭白笋产量，改进茭白笋品质（图8-1）。

图8-1　埔里的茭白笋种植

（二）观光旅游、文创产业促进农产品销售

从2007年开始，南投县政府每年举办“美人腿节”活动，除了重头戏“美人腿公主”和“美人腿皇后”选拔活动外，同时还有筊白笋田夜间音乐野餐飨宴、料理竞赛、生态体验、DIY教学、美腿健走、农田写生等活动，游客可体验踩在泥田种植或采割茭白笋、腌制美人腿泡菜当伴手礼、品尝茭白笋全餐、享用茭白笋特调剉冰等，还可以在三合院民宿住宿，体验“一日农夫”的农村生活。农村体验行程把游客带进产地，了解农民栽种过程，品尝、带回最新鲜的食材，还有“顺骑自然”观光自行车深度旅游，以及当地10多家餐厅配合研发的茭白笋料理，推广“食当季吃当地”的健康环保概念。埔里镇农会推出以茭白笋为主要食材的“埔里特色风味餐”，在每道菜色命名中均加入筊白笋文化创意，诸如绝代双茭、步步糕

升、翡翠美人糕、富糕满元宝、三色天妇罗、五彩缤纷、长绵水中鲜、东坡伴美人、圆圆满满、金玉满堂等。

（三）创新产品引导消费

通过与光电产业、观光旅游、文创产业的融合发展，南投茭白笋的品质、产量与知名度大大提高，带动游客的消费需求，使农民收入大幅增加。据统计，2010年埔里茭白笋种植面积近1 800公顷，占全台湾栽种面积的85%；产量42 500多吨，占全台湾的92%；埔里茭白笋每周还可出口800～1 000千克到日本，近5年平均年出口50吨；茭白笋年产值至少为20亿元新台币[1][2]。

茭白笋产业种植基础较好，依托农业资源与产业优势，结合高科技发展，进一步提高了农产品的产量与品质；茭白笋产业把一产与二三产业融合发展，提高农产品的知名度，开发多样化的产品，促进优质农产品的销售，增加农民的收入。

二、田尾公路花园

得益于浊水溪冲刷的肥沃平原、中央山脉的台风屏障，彰化县田尾乡从清末时期就开始发展花卉园艺，是台湾最早开始发展花卉产业的集散重镇。田尾公路花园位于田尾乡台 1 线省道旁，横跨永靖、田尾二乡，包括港西村、溪畔村、柳凤村、打廉村和饶平村等 5 个村。

（一）花卉品种多样，发展观光休闲

台湾花农勤于钻研，早在20世纪60年代，菊花产业就开始应用夜间照明技术来调节花期并提高品质，从而实现批量生产并占据了日本市场。目前此公路菊花田面积达120公顷，年产各种菊花达4 000万支。“菊花不夜城”为此公路最大特色，每当夜幕低垂时，公路两旁数以百计的灯火，彻夜通明的奇观，使花园宛如不夜城，每年12月到翌年2月是公路花园的观光花季。

彰化于1973年正式规划为公路花园艺特定区，除了花卉园艺产业，也

将公路旁原有的花木进一步美化为公路花园。2002年彰化转型成为“田尾乡花卉休闲园区”后，花卉的年产量以及花卉种类都是全台湾之首，不仅仅是花卉生产专业区，更有花乡之称。为了将田尾乡从一级农作产业升级至六级观光休闲产业，2003年修建了园区旅游专用道路——百花齐放田尾自行车道，全长约7千米，途经打帘、溪畔、柳凤、田尾4村与公路花园、园艺特定区。如今，田尾公路花园的路线已增至10千米长，更涌进300多家业者，经营腹地扩展至500公顷，是台湾最大的花卉苗木集散地，提供不同类型的特色花卉产业，包括盆栽、鲜切花、庭院微景观、园艺材料与设施、绿化苗木等5大类，号称“台湾花之都”[3]。游客来此赏花、购花，不仅能一站式购齐，也是台湾最便宜的买花胜地。台湾花卉产值一年约180多亿元新台币，田尾就占了60% ～ 70%[4]。田尾公路花园协会通过了2023年优游农村体验质量评鉴（图8-2）。

图8-2　田尾九重葛之家

（二）异业联盟促进了田尾花卉产业业态创新

研究发现，历经10年的大众观光发展，对当地农民并没带来实际的经济效益，赚钱的都是外来的门市业者或者是摊贩，却带来了环境与游憩质量的下降[5]。于是在专业团队的辅导下，当地经营者结合园艺生产技术与民宿、餐厅、婚宴、婚礼拍照、摄影等专业领域，发展农业的体验活动与个性化的园艺产业文化景观相结合的观光产品，于是田尾公路花园出现了不同风格的体验空间，实现了花卉产业业态创新。

1. 产销班异业联盟

田尾公路花园有各种不同花卉的产销班，即使同一产销班的班员经营的花卉产业也不尽相同，但各班员以及各产销班之间互相配合，资源共享，合作共赢，取得良好成效。如田尾乡农会花卉产销班第19班全班27名成员栽培27公顷花田，班员种植包括菊花、初雪草、康乃馨、多肉植物等，虽都是花卉，但种植技术和目标市场各不同。班员一致改善传统作业习惯，如让菊花育成率可提高60%；花卉产业所需的资材共同采购，可减少成本，班员也共享中耕机、喷雾机等，达到省工降本；该产销班的特色还包括“共同选别”，即班员采收花卉后送到集货场统一分级，再送到包装场包装一起出货，可稳定供货质量，与承销商建立互信，保障基本价格，售价也比平均拍卖价高，也因此班员每人每公顷平均产值超过千万元新台币。通过这种资材共购、产品共选方式，产销班团结协作每年创造3亿元新台币产值，2020年在台湾302个产销班脱颖而出，获得“十大绩优农业产销班”荣誉[6]。2017年田尾乡庭园花木产销班第29班获得“十大绩优农业产销班”荣誉（图8-3）。

图8-3 田尾乡庭园花木产销班第29班

2. 餐饮服务

特色餐饮包括简餐、花草餐、养生香草火锅、咖啡、香草花茶、香草冰淇淋、花草果冻、香草花酒、北斗肉圆、洪瑞珍酥糖、李老城肉脯、庙前筒仔米糕、古早味冰城等美味餐饮，共有十几家，每一家的内部布置讲究，风格各异，除了当地特色美食，还有意大利、冰岛、日本等异域风情美食，中午在这里歇脚、用餐，有如置身花园中，别有情调（图8-4）。

图8-4 田尾乡环境优美的餐厅

3. 定期举办花卉活动

田尾公路花园会定期举办花卉活动。如在春季或夏季每年花季的最高潮，举办“花故乡嘉年华会”，有花艺展览、花车大展、玫瑰花宴等，游客到此既可饱览群花，还能休憩、聊天、泡茶，心旷神怡。在每年的春节前后，举办“花在彰化”系列活动，包括花园迎新喜、花猪造型展、万景园林艺术展等活动。

4. 体验台湾乡间风俗和花卉DIY

人们开车到田尾公路花园后，可大车换小车，换辆公路花园的赏花专用脚踏车，如两轮单车、四轮协力车，悠游花海，四处逛逛，赏花、游花、玩花、买花、吃花、喝花，感受别具风格的天然花博会。夜晚时分还可与花共宿，夜宿民宿，与当地花农交流，品乡村美食，体验台湾乡间风俗。一些花圃还为游客提供花卉DIY，如用干花制成自己喜欢的花束带回家，或选择自己喜欢的香味，把晒干的花瓣装进花袋，并把它们缝合成中意的外形制成香袋，随身携带或馈赠亲朋好友。

（三）结合科技与创意，花卉产业将更趋多元化

1. 整合线上线下活动，提高吸引力

已举办多场活动，比如母亲节举办“五月田尾花献爱”活动，只要到田尾乡公所“粉专按赞”并分享该活动以及到指定店家消费，不限金额，即可获赠一只小盆栽；六月的“给我清新好空气　现金券大放送”活动，则是通过植物知识短文分享、留言、点赞，就有机会抽消费现金券等，从而带动观光人潮、增加田尾曝光率。

2. 数字化营销

历经六月的脸书活动，仅于短短2周便增加600多名粉丝，透过课程和活动示范，协助街区店家了解并懂得运用数字工具，与时俱进地进行数字化转型。不仅协助田尾店家提升数字知识和应用数字工具，还特意选在游客习惯租赁脚踏车一览田尾风光的租车店里建置Wi-Fi热点，方便游客通过“田尾旅游+”Line官方账号搜寻当地观光信息，或是登录“田尾旅游趣”官网了解当地最新活动；同时，店家提供的多元支付服务，也让游客拥有更便利的消费体验。

目前，田尾公路花园已从最初的花卉园艺种植与销售区，转变为集花卉种植、销售、观赏、体验、餐饮和住宿等为一体的花卉休闲园区，成为台湾地区历史最悠久、最大型的免费开放的花卉园艺观光休闲园区，已成为台湾花卉产地的代名词，是台湾多样性精致农业经营模式的典范。

三、姜麻园休闲农业区

姜麻园位于苗栗县大湖乡栗林村，海拔500～800米，面积约为100公顷，目前有36户及居民约200人左右。由于地形、土质以及气候等特殊条件，加上客家先民拥有种植姜麻的优越技术与经验，此处种植的生姜质优量大，台湾各地皆将此地的姜当作母种，以供繁衍下一代，区域范围逾1 000公顷，“姜麻园”这个地名就渐渐形成。除了生姜、水果生产、果园采果及客家美食、民宿经营外，这里还有山川美景、日出、彩霞、云海、山岚等自然景观，再加上当地传统信仰圣衡宫的庙宇及相关活动等，在政策辅导及补助下，开发许多步道、凉亭、停车场、公厕等，姜麻园成为颇具农业产业文化特色的休闲农业区，2007年被评选为台湾十大经典农村之一[7]。

（一）传统产业升级

姜麻园目前耕种总面积约为50公顷，其中生姜种植面积约3公顷，占总种植面积的6%，全年皆有生姜生产，年产量约为30吨，主要品种为种姜。水果以桃李年产量最多，高接梨以鲜果贩卖，柑橘除了卖鲜果外，大多加工做成橘子酱、橘茶、蜜饯等产品。

目前当地主要的农产品除了生姜与各种鲜果等，还有进一步加工的产品如姜糖、姜片、姜饼、浓缩姜汁、生姜沐浴乳、生姜洗发乳等各种姜系列产品及各种腌渍水果与水果露等，融入地方风格，结合当地农民的人脉与人力资源共同开发具有市场竞争力与特殊风味的生姜加工品，甚至与台湾大的厂商合作研发提升产品质量及产品包装，取得优良食品CAS认证，提升产品质量并增加产业营销力，把姜的功能发挥得淋漓尽致（图8-5）。

图8-5 姜麻园的姜系列产品展示

（二）结合地方文化资源，举办文化创意活动

风情万种姜麻节，即结合地方文化特色，具有丰富多元活动且富有文化内涵与文化艺术气息的活动，于2000年开始举办，一直以来好评不断，包括寺庙文化活动、历史文化古道健行、景观文化解说导览、地方特产料理或制作介绍、生态文化解说导览、童玩草编DIY教学、结合特产的艺术庭园咖啡座与摄影比赛等。活动所要形塑的“姜麻”意象丰富生动，主题展示区展示以姜制作的超大型的生肖动物，用以迎接生肖年的到来，如2005年的“风情万种姜麻节”的活动主题就是以狗年的生肖为图样并配合姜麻园的特产生姜（约2 500千克），塑造一只大型的“姜麻狗”（高约6米）；活动期间园区提供姜麻料理大餐，并举办飨宴活动，以每桌特价方式让游客品尝到丰富料理；游客体验亲自挖姜的乐趣，当地农友提供解说姜的种植方式与生长过程；还有生姜腌制的DIY教学介绍、姜麻称重趣味赛、免费的老姜汤粿粑大会，甚至还开创姜味咖啡，并在姜麻园内设置艺术咖啡座提供姜汁撞奶、姜味咖啡、姜味奶茶、客家擂茶及姜汁冰沙等创意下午茶让游客品尝。活动展示广场还提供给苗130线各农园展售农特产品，农民们可以介绍自己栽种的水果或农特产供观光客做多元的选择与采买；姜麻园文化祭则是园区内圣衡宫庙会活动的小区总动员，同时在庙广场举办大鸡比赛；还有当地的做木偶、画脸谱、草编艺术及童玩丫箱宝等乡土文化工作者，在姜麻节活动出来示范教学DIY，让丰富的活动增添了乡土艺术人文气息。2014年的风情万种姜麻节的主题是“张灯结彩喜洋洋”，结合2015生肖羊年，举办大型婚庆活动（图8-6）。

图8-6　2014年的风情万种姜麻节活动

（三）带动第三产业发展

由于休闲农园的发展为当地带来较高的经济收益，许多原本在外工作的年轻人陆续回乡发展。园区沿线也因艺术家的入驻，及不同风格的休闲农场、风味餐厅、DIY创作工坊及民宿业者的加入，从而带动产品再创价值的研发、创新传统料理、改善环境空间、美化乡里、创造农特产以外的各式商品等。随着姜麻节的声名远播，这些创意的产业也跟着知名度大涨，如猪舍改建为创意庭园咖啡厅就是一个典型的案例，吸引了很多游客到此参观和用餐；民宿也极具创意，如菊园的每一间民宿都有一个主题，房间命名和设计均围绕同一主题，这样特色的创意主题、独特的建筑风格、田园式的居住环境、精致的房间设计、风味的饮食文化，以及民宿主人的亲和力，成为民宿旅游消费的重要吸引力。自然人文景观、民宿建筑风格、风味餐食与体验活动往往还能产生交互作用，更是给消费者提供了整体性的意象特色（图8-7）。

图8-7　姜麻园的特色民宿和餐厅

四、太麻里金针山休闲农业区

太麻里位于台东县，东滨太平洋，西依中央山脉，呈南北狭长分布，除沿海平原外，大多为山地。由于这里地理气候清爽、阳光充足，非常适合种植金针花，在盛夏季节满山遍野黄澄澄的金针花，总是吸引大批的游客前来，原名太麻里山，由于盛产该作物而易名金针山，为台湾东部金针三大产地之一，总种植面积达110公顷左右，在2001年被规划为“金针山休闲农业区”（图8-8）。

图8-8　金针山的金针花景观

（一）金针花产业升级发展

金针花又称为萱草、忘忧、宜男草、黄花菊，为百合科的多年生物，由于花型美观，色彩鲜艳，在欧美有“一日美人”之美称，中国也称为“母亲花”。由于加工成品呈金黄色，形状呈针状，故以其色泽、形状、用途，取名为“金针花”又名“黄花菜”。目前太麻里的金针以食用兼具观赏品种为主，高山金针因气候条件及日照因素，口感较佳（图8-9）。

图8-9　金针花的优美造型

金针产品多元化，市场行情看俏。金针本身很少用药，除了传统的金针干，现在生鲜产品“金针鲜蕾”和“碧玉笋”（即金针嫩茎）符合现代人的健康概念，市场行情有上扬趋势。改良杀青技术后生产的“安全金针”，也受消费者欢迎。一般采收一半的金针花蕾，另一半任其开花，作为观赏用途，还可以让游客尝到现采现炸的金针酥和刚出炉的干针制品。

由于人工缺乏和气候影响，目前金针种植面积已大幅减少，为了挽救金针产业，太麻里乡公所提高金针受气候影响歉收的补助，每公顷可补助10万元新台币，还在金针山举办解忧音乐节。

（二）休闲观光产业发展

1. 丰富自然资源带动观光旅游

金针山自然资源丰富，一年四季都有美景，如1—3月的樱花，4—5月的野百合，6—7月的绣球花，8—10月的金针花，11—12月的枫叶。不仅花海世界引人入胜，变化多端的云雾山岚、入夜后唧唧虫声和星象观测更是不容错过的野趣体验。据统计金针山共有18种萤火虫，最主要的品种为黑翅萤，若错过了夏季，冬季11—12月还有山窗萤可观赏（图8-10）。

图8-10 金针山的自然资源与金针文化

太麻里的地名在当地少数民族语言里的意思为“太阳照耀的肥沃之地”。2000年在全球掀起的千禧曙光活动，将东台湾的“日出之地”太麻里推向国际舞台。从太麻里海岸观赏日出曙光虽美，但金针山区居高临下，山上的日出曙光更是比海边日出更唯美动人（图8-11）。

图8-11 “日出之地”金针山

2. 文艺表演推动观光产业发展

太麻里金针山原本山海景致与金针花海等农业景观已具规模和规划之外，殿堂音乐艺术与唱游诗人的入驻，更使得金针山自然的乡野、纯朴的山村，洋溢了丰富的人文气息。这使得太麻里金针山在台湾岛东部地区众多人潮涌至的休闲园区中，更显得特别。

每当不同的花季时节，当地协会便会邀请台湾知名的演奏家来到金针山举办“海拔1 000米的高山音乐会”，国家交响乐团首席吴庭毓与Salut节庆弦乐团、竖琴首席解瑄、长笛首席安德石、雷光夏与微光乐团等，均曾到此地演奏，让游客品味不一样的山村，品尝不一样的音乐艺术飨宴，给静谧的农村添加了优雅的文艺气息[8]。

3. 特色民宿

花海、花香、旭日的美景提供了农村生产、生活、生态的另类体验，络绎不绝的游客留恋在其中，带动了民宿、餐饮及农特产的直接销售，增加了农民收入。金针山有数十家不同特色的休闲农场与民宿，可以让游客体验当地最真实的生活。民宿经营者在创意主题风格上，往往能整合当地自然、文化、产业、生活等资源，形成极具创意的主题、特色，以及具有景观美学概念的民宿产品。多样化的民宿产品，满足了旅游市场上的多元需求。通过环境、活动以及“衍生产品/服务”的巧妙设计，不仅给游客带来大自然的绿色体验，更提供一种充满情味的感觉与氛围，极大化地让游客达到放松身心、返璞归真的效果，民宿主人用心经营的努力已获得游客高度的认同[9]（图8-12）。

图8-12　金针山上的特色民宿

五、小半天休闲农业区竹（炭）产业

小半天休闲农业区分布在南投鹿谷乡竹林村、竹丰村、和雅村等三个村落，区内有武岫休闲农场、43家合法民宿与十多家餐饮业者，2005年获选台湾最美丽小区。小半天休闲农业区拥有丰富的生态资源，有保育类蓝腹鹇等，孟宗竹林古战场还是国际巨星拍摄SK-Ⅱ广告之地。

（一）传统竹产业的振兴

1999年的“九二一”大地震，让位于震中的原本就没落的中台湾竹产业遭受重创。为了重建传统竹产业，农业管理部门于2002年，结合林务局、林业试验所、工业技术研究院组成研发团队，推动“竹产业转型与振兴计划”，取经日本并结合当地竹农研发台湾竹炭。经过研发团队不断努力，结合科技与传统技法，兴建了台湾地区第一座竹炭窑，还研制出竹炭烧制的标准作业程序，成功烧出首批竹炭。研发成功后，研发团队便计划让竹农参与技术转移。南投的武岫竹炭窑便是早期加入技转的竹农之一，从2002年开始建窑烧竹炭，“武岫竹炭窑”专门生产“孟宗竹炭”，该竹炭是以四年生以上的孟宗竹为材料，采用高温炭化技术，历时10多天的手工精烧而成。经过高科技和精心烧制，武岫竹炭于2006年获得CAS优良林产品认证。目前山林里绿意盎然的竹子，在产官学界携手合作下，已经成为闪闪发光的黑钻石[10]。

（二）竹炭系列产品的开发利用

农场的竹炭炭质结构致密、矿物质含量丰富，具有特殊的调湿、除臭、防远红外线、吸附VOCs有机溶剂气体等特性，可以开发高价值产品，如除臭包、竹炭面、滤水器、竹炭纱、清洁用品，甚至是医疗用的洗肾机，还可开发出多种延伸商品，竹炭在生活里的应用无所不在。武岫竹炭系列产品包括武岫竹炭、竹醋液、炭好茶、手工精油皂、竹炭袜、健康枕头等，还有竹炭咖啡、竹炭饼干、竹炭花生等食品（图8-13）。

图8-13　竹炭系列产品

将竹炭与竹醋液应用在茶园，利用弱碱性的炭粉，可以改善土壤环境，搭配弱酸性的竹醋液，作为有机资材的天然制剂，处理蚜虫、立枯病等都有极大的帮助，茶园收成可提高两倍之多[11]。

（三）观光体验活动

农场结合自然景观、生态环境及竹产业文化，提供竹炭制程导览及当地特色美食、手作DIY、竹林茶席、竹林生态步道等活动，包括参观人工窑，通过解说了解竹炭制造；DIY及体验竹管茶饼、竹笔、竹炭咸鸭蛋、竹编、柿子袋、乌金艺盆、竹扫把、竹炭乌龙面、竹碗等；还有四季游程体验，如春季挖笋体验、夏季萤火虫体验和星空茶席体验、秋季夜樱茶席体验、冬季云海茶席体验，可以看到大小竹鸡奔跑、蓝腹鹇雀跃漫步的画面，以及五色鸟、冠羽画眉、棕面鹰等保育鸟类；在长源圳生态步道、林爽文孟宗竹林古战场欣赏连绵的山峦和翠绿的孟宗竹林，能充分感受自然景观之美（图8-14）。

图8-14　农场的观光体验活动

（四）业态创新成效

孟宗竹是小半天地区的传统产业，武岫竹炭窑文化园区正是引领业态创新的领头羊。竹炭的崛起让原本空置的农家三合院，纷纷经营起民宿，青壮人丁农闲时也开起面包车接送游客，鼎盛之际，载客面包车多达200多部、民宿40多家，创造就业机会不下500个，以当地人口不过约1 500多人计算，相当可观（图8-15）[12]。

图8-15　小半天的特色美食

六、台南天埔社区丝瓜产业

天埔社区从环保起家，跟丝瓜络结下了缘，开启了可持续发展之门，近年来通过农村再生计划、环境教育设施教育场所认证，2007年荣获环保部门的环保模范小区特优奖，2010年得到水土保持局农村再生多元活化推广成果展“最佳产业奖”，2012年取得环境教育设施场域认证及水土保持局农村再生示范小区，2015年得到第3届台湾环境教育奖小区组特优，是林务局2018年小区林业计划的重点计划点，2021年获得台南市金牌农村奖（图8-16）。

图8-16　天埔社区

（一）从环境教育起步

1992年天埔社区成立，由玉井区沙田、三埔两里共同组成，初期以联谊活动为主。1993年成立沙田水土保持户外教室，园区内有各种草类根系观察设施、生态水塘等参观及教学场域。1999年小区志愿者投入环保工作，从环境清洁与资源回收分类做起。为了推广环保、垃圾减量观念，环保队在每年新天王殿举办庙会活动时，改以纸碗、铁筷取代保丽龙碗、竹筷，连续一周、每日信徒最多有2 000人，减下的垃圾量非常可观。2007年天埔小区接受水保局农村再生培根训练，成为台湾南部第一批通过农村再生的小区之一，此时小区丝瓜产业也开始萌芽。2010年水保局辅导的天埔小区申请环境教育场域认证，改名为“天埔小区环境教育园区”，还有5名志愿者通过环境教育解说员培训及认证（图8–17）。

图8–17　天埔社区的丝瓜园

（二）丝瓜产业发展

小区因环保做得好带来参观人潮，把人潮变钱潮是发展方向。小区居民务农维生，几乎家家户户都会在菜园边种几棵丝瓜，除了食用以外，丝瓜晒干即成丝瓜络，用来洗碗或洗澡，在水土保持局的协助下，推动丝瓜络创意产业，将老化的丝瓜络开发成丝蜜皂、香包、吊饰、斗笠、面纸盒套、沐浴巾、夜灯、立灯等几十种创意产品，成了最独特的文化创意产业。小区还开设丝瓜络手作体验课程，作品可以寄售。小区还利用闲置农地打造丝瓜生态园，提供丝瓜料理风味餐，接受团体游客的预订，不仅吸引许多学校机关团体前来参观学习，也带动外围景点的观光产业（图8-18）。

图8-18　天埔社区的丝瓜络产品

天埔小区以丝瓜产业结合环境教育，将农产品变成六级产业，不断培训当地人才，从产品、风味餐、手作、体验活动到环境教育课程，寓教于乐，创造经济和就业机会，每年都有超过百万元新台币的收入，达到生产生态生活“三生”一体、协同发展的目的。

参考文献

[1] 朱立群．照亮美人腿——埔里茭白笋传奇［J］.台湾光华，2011（12）：70.

[2] 高毓璘，蒋宏儒．农业新钱潮——“美人腿”变粗了！光照筊白笋年产值破20亿［EB/OL］.https：//www.setn.com/news.aspx?newsid=271361（2017-07-10）.

[3] 刘东兰. 台湾田尾公路花园对福州建新花卉市场发展的启示[J].台湾农业探索，2016(6)：24-27.

[4] 佚名. 为园艺产业埋下创新种子——田尾公路花园协会[EB/OL].https：//www.twgarden.org.tw/(2022-06-03).

[5] 黄锦煌. 观光产业发展影响居民态度之分析——条件行为之应用[J].应用经济论丛，2011(90)：183-208.

[6] 林敬家. 地理教室，无国界：田尾花卉产销班团结产销创造3亿元年产值[EB/OL].http：//lovegeo.blogspot.com/2020/02/3.html.

[7] 陈琇君. 农村经济与小区营造——大湖草莓园区与姜麻园产业发展的比较研究[D].新竹：交通大学，2008.

[8] 佚名. 日升曙光，金针忘忧——台东县太麻里金针山休闲农业区[J].农政与农情，2008(197)：18-19.

[9] 佚名.台湾十大最美民宿，哪家会是您的最爱？[EB/OL].(2018-06-18) https：//www.sohu.com/a/236361665_778987.

[10] 陈群芳. 黑钻——台湾竹炭独步全球[J].台湾光华杂志，2016(6)：17-18.

[11] 刘安伦. 化绿竹为黑钻石！竹炭达人林建勋挖掘竹林更多可能性[J].丰年，2021(12)：53-54.

[12] 徐清铭. 武岫竹炭窑文化园区形塑台湾竹炭文化[J].丰年，2008(13)：62-63.

第九章 农产品加工带动型业态案例分析

以“微热山丘”凤梨酥产业、“瓜瓜园”甘薯产业和屏东归来牛蒡产业为例，阐述该类型业态以农产品的加工为带动，通过与科技产业、信息产业等的融合，推动产地初加工、农产品精深加工、副产物综合利用等的技术与装备科研，稳定原料来源及控制质量，增强产品质量、丰富产品种类，提高农产品的附加值，实现农产品产供销一体化，并带动产业集群发展，实现业态创新。

一、瓜瓜园甘薯产业

甘薯俗称地瓜、番薯，曾是台湾的主食之一，也是台南新化的特产。随着人们生活水平提升、饮食习惯改变，产业结构也发生调整，甘薯曾经一度无处可销、薯农失去收入。1991年由农会协助成立的甘薯产销班，不断研发十种以上新产品后，由农业管理部门辅导创立品牌“瓜瓜园”，并于1993年成立台湾第一家以甘薯产品为主的专卖店，跨入店面营销，推广甘薯商品；于2005年成立瓜瓜园企业，推动生鲜及加工业务。瓜瓜园通过与农民合作建立契作关系、与商超合作和消费者接地气、与同业合作打造国际市场，促进了甘薯产业业态创新（图9-1）。

图9-1　瓜瓜园观光工厂

（一）与农民合作建立合约关系，保障原料供应

瓜瓜园产销班采取计划性契作生产、保价收购。加工站计划每年需要的产量，由班员优先登记种植数量，产销班再计划安排栽种的时间。产销班提供种苗，农药肥料资材统一采购，统一代喷，采收、搬运也是统一做。加工站负责向班员采购甘薯、加工与销售，每年从获利中拨入固定比例给产销班作为运作的班基金，产销班给班员每公顷11 000元新台币的灾害补助，让班员无后顾之忧，使计划生产顺利推动。瓜瓜园的计划性产销，从需求去控制生产，不再出现产销失衡、瓜贱伤农的现象，也利于瓜瓜园规划甘薯原料的利用。

（二）开发多元化产品，满足市场需求

瓜瓜园每年都坚持至少3%以上的研发经费，不断进行产品与采收研发，已研发出多种多样的产品，有冷冻产品、常温产品和有机产品。针对不同甘薯的风味、颜色及特性，研发多样客制化产品，如冰烤番薯、地瓜脆片、地瓜球、甘梅薯条、地瓜圆、地瓜棒冰、地瓜酒、地瓜爆米花等，还有很多热卖的代表产品，如地瓜粉、地瓜泥、黄金QQ球、地瓜珍珠圆、紫金QQ球、九份番薯圆等。其中“夯番薯”就是在全台湾2 000多家超市供应现烤番薯，一年可卖出3 000万条，也销售到日本拥有130家店的百年伊藤洋华堂超市，外销全球，成为同业难以复制的特色商品。还与许多知名企业合作，如麦当劳、乖乖、手信坊、联华、星球工坊、优雅食等品

牌企业，打造出明星创意产品。目前在台湾岛内外各大通路都能看到瓜瓜园的足迹，无论各大快餐店、早餐店、便利商店、在线电商、校园营养午餐、农会、超市、咸酥鸡店、大型连锁超市、餐厅、比萨连锁店等，都有出自瓜瓜园的产品。

（三）发展智慧农业，制定标准化作业流程

瓜瓜园导入科技与自动化技术，将种植业与信息产业融合发展成智慧农业，不仅节省人力，补足农地人口老化和人力短缺的困境，还能及时改善耕种、观察农田情况，将田间资产与软硬件跨域整合，为田间管理制定生产履历，实现生产流程标准化。“田间实时管理系统”运用地政事务所的地籍编号，以及瓜瓜园累积多年的产地信息与卫星定位功能，将每块田地的历年温度、雨量、肥料用量、产量等信息建成生产履历，将药检报告全部整合归档，用计算机取代人工比对，节省时间又降低错误率。建立甘薯健康种苗标准化栽培管理，农药残留检测管理、六道分级品质检查机制，加强在生产过程上食品安全与卫生的管控。同时使用iPad管理农地、导入无人机巡田技术，一键启动自动巡航，将拍摄的影像数据结合后台云端运算系统，有效监控甘薯生长状态。甘薯采收后运用系统化规格分级，配合16℃舒温保存及IQF急速冷冻技术。还能根据销售端的反馈要求制造端标准化，由下而上改善现场流程，同时也由上往下规划蓝图，将各自独立的流程串联起来，实现产制储销一体化的串联整合营运模式。

（四）精心管理齐心合作，产业链延伸延长

精心管理整条供应链的每个环节，如为了去除采收后的“田间热”，特地盖了除热仓；为更快散热而将原先使用的麻袋改用木筐；为防止甘薯闷热久放而导致发芽或腐坏，运送生鲜甘薯到店的纸箱也配合物流、库存和销售状况更改多次，如纸箱的材质、通风孔的设计和承重度等。

瓜瓜园促成台湾甘薯产业策略联盟成立，于2020年11月由5大地瓜生产业者组建，在台湾8 700多公顷的甘薯种植面积里，甘薯联盟成员就占近70%，包括甘薯产业上、中、下游，形成种苗、种植、加工、通路等产业链，同业合作共同打造全球市场。目前产业界已从日本引进甘薯冷藏技

术，把保存期限延长到10个月，覆盖整个生产季，不仅有助于生产季调节和稳定市场，农民也能放心种植、提升甘薯质量。

（五）注重可持续发展和农产品质量安全

产销班已通过了甘薯碳足迹查验，可及时检查工厂生产过程的碳耗，将可用的天然资源最大化利用，除了将甘薯不合格品循环再利用，变成土地肥料、憨吉牛饲料及益生菌外，也运用沼液回灌（牧场粪尿水经过厌氧发酵后再回到田间灌溉），在生产过程中尽可能减少废料产生。从品质管理到检验获得各项重要专业质量认证，包括清真食品认证、有机农产品加工认证、FSSC、ISO45001、ISO14001、ISO22000/HACCP（食品安全系统双认证）。

（六）融入文化创意，甘薯产业文化寓教于乐

观光工厂“瓜瓜园地瓜生态故事馆”采用半户外式的展出，园内种植各式品种的甘薯，普及甘薯的样貌、成长过程、营养价值以及农药检测，让游客自由采摘和DIY。地瓜生态故事馆内互动性高，包括静态面的知识传达（眼、耳体验）、生产线导览（眼、耳、手体验）、种植环境模拟（眼、耳、手体验）及动态面的趣味Cosplay（眼、耳、手体验）、动手做（眼、耳、手、鼻、口体验）等。通过五感体验，游客不仅全方位接触甘薯，也“从农场到餐桌”一条龙模式认识甘薯，兼具娱乐性和知识性，寓教于乐（图9–2）。

图9–2　地瓜生态故事馆

瓜瓜园还通过举办食农教育以及体验活动，将农业的相关知识教育给孩童，如举办常态性的地瓜生态故事馆导览活动、在幼儿园与小学开设DIY课程，包含制作地瓜圆、地瓜蛋糕、地瓜薯条和采地瓜、控土窑活动等，让他们从小熟知农事过程与乐趣，不再对农业保留刻苦的印象，日后愿意投入农业。

（七）取得良好成效

瓜瓜园的甘薯产业不仅融合了农业内部多个子产业的发展，实现了从上游到下游的全产业链，生产、制造、储存、销售一体化发展，还把农业和信息产业、文创产业和观光旅游产业融合发展，从过去劳力密集产业，转变为需要各种整合性人才，利用团队合作、文化创意与科技管理创造更大的收益的产业。瓜瓜园地瓜产销班，从一开始只有10个人、10公顷的面积，发展到合作农户超过600户，总契作面积超过1 000公顷，年产值突破40亿元新台币。[1]

二、微热山丘土凤梨产业

凤梨是台湾对菠萝的称呼。凤梨是台湾三大名果之一，被称为土凤梨的是台湾的老品种，因其酸度高、香气浓郁、粗纤维含量高，只适合加工，曾制成切片罐头很受欢迎，后因市场竞争一度滞销（图9-3）。

图9-3　南投“戴帽子”的凤梨

凤梨酥是台湾知名的伴手礼，传统凤梨酥的内馅通常会拌入冬瓜，可以调和凤梨酸度，降低纤维感，让口感滑顺，烘焙店经常使用大量的冬瓜馅来降低价格，甚至仅仅用冬瓜馅加特殊食用香精调味，完全不含凤梨果肉，且标示不实，因此造成纯凤梨馅的土凤梨酥开始流行。

微热山丘凤梨酥产业于2008年形成，以土凤梨为原料生产凤梨酥，生产工艺上运用高科技的烘焙模具，以及使用符合欧盟及美国FDA环保标准的包装材料（图9-4）。

图9-4　微热山丘在南投的三合院

（一）组织生产，保证原料来源

南投八卦山，日照充足，加上丘陵排水好，适合种植土凤梨。为确保原料来源，凤梨酥生产所需的大量土凤梨来自附近农民的契作生产。农民按照契约种植土凤梨，并将合格土凤梨采收给微热山丘。目前八卦山上已恢复成凤梨田，签订价格已提升至每千克18.3元新台币，全台湾种植土凤梨面积已恢复至40%，果农收入大幅度提高（图9-5）。

图9-5　凤梨生长与种植凤梨的农民

（二）保证产品质量安全

凤梨酥所用的土凤梨，需要果农提供完整的生产履历，不得使用植物生长调节剂、不得有农药残留、不得有裂果，及规范采收成熟度等；同时采用纯天然奶油、优质面粉以及新鲜鸡蛋，不加香料、防腐剂或任何其他添加物，保证产品质量安全。包装上，采用防潮、防油和防氧化的棉纸做三层内包装，外包装是采用牛皮纸，简单古朴（图9-6）。

图9-6　凤梨酥

（三）与观光业结合，促进产品销售

加工产业与观光旅游产业融合发展，使产品知名度大大提升。游客入园时可免费获赠热茶和凤梨酥，再通过网友推荐、媒体采访和亲朋好友口口相传，微热山丘凤梨酥名声大振（图9-7）。

台湾观光局统计，凤梨酥连续多年蝉联赴台观光客最佳伴手礼。

图9-7　在微热山丘免费喝茶

（四）开发多元化产品

微热山丘已开发出系列产品，除了凤梨酥，还有凤梨汁、调酒饮品、蛋糕和酵素等，酵素是用土凤梨果皮生产的，1千克售价高达60万元新台币。凤梨酥加工剩余的蛋白加上剩余的凤梨果肉做成蛋白蛋糕义卖，收入由“普仁青年关怀基金会”负责运作，帮助南投、彰化一带的学子（图9-8）。

图9-8　凤梨系列产品

（五）品牌带动小区发展

微热山丘还在南投建造了高端的户外村民市集，进到这个市集贩卖农产品的小贩可以不付租金，但必须经过严格的农药残留检验，只有健康、当地的绿色食品，才能在这个市集贩卖。一个品牌，带动一个小区发展，这也是微热山丘为台湾企业树立的另一个典范（图9–9）。

图9–9　村民市集

（六）成效显著

微热山丘除了运用土凤梨的风味创造内馅的特色外，也运用异业的技术改良烘培模具与包装纸模，将农业与科技产业、观光旅游业、文创产业融合发展，使台湾快要消失的土凤梨变成高级经济作物，从台湾土产发展成国际品牌，活络当地产业、创造就业机会，改变了南投八卦山区的经济。更重要的是，它为台湾现代乡村产业的发展，提供了一个全新的启示。微热山丘凤梨酥产业发展的经验是研发工程师用科技做烘培的思维，从模具、厨房湿度、烘焙时间等调整出精准的凤梨酥重量、大小、颜色、质量，这是同业很难模仿的。微热山丘将契作产量、季节气候变化、酸甜度误差等纳入品管，后续还有生产加工、品牌营销、销售通道，经过不断的深化、加值每一环节，进而改变产业结构、建立共享共荣的价值链。2013年微热山丘产值约250亿元新台币，是所有烘焙类中产值第一名；8年产值增长10倍，年均增长率35%；台湾土凤梨种植面积达1 000公顷，是8年前的10倍，恢复了农地活力；1个1千克重的土凤梨产地价12元新台币，制成高档凤梨酥价值可超过900元新台币，提升了74倍的凤梨价值[2]。目前已在新加坡、日本等地设点。2021年在南投新的旺来产业园区投资18亿元新台币，规划建设生产基地和亲子游憩园区。

三、屏东归来牛蒡产业

牛蒡营养价值高，表皮含有人参皂苷，因而台湾称之为“大力参”。

（一）牛蒡产业的兴衰史

屏东县归来地区特有的黏板岩老冲积土和大武山麓丰沛的地下水，形成独特的自然环境，适合种植牛蒡。20世纪八九十年代是种植高峰期，经加工处理的牛蒡外销日本，成为当地主要经济作物，栽种面积最高曾超过100公顷。之后由于台南等地大规模栽种，归来的牛蒡日渐没落。

（二）组建产销班，采用计划型耕作

2000年归来小区成立由大学食品加工系教授、钻研养生的小学老师、医师、民意代表等5人组成的产业发展小组，经过评估，认为牛蒡仍具发展潜力，也是归来无法切断的历史，决心振兴牛蒡产业。2003年“牛蒡梦田计划”成形并迈步向前，成立屏东县屏东市蔬菜产销班第13班。产销班积极调整产业结构，实行计划型耕作，农民耕种前，会先拿到1/3签约金，牛蒡价格有保障，农民自然安心地耕耘脚下的土地。与农民签约时，都是以面积计价，每一分地的收获量都按固定价格收购，避免受市场波动影响。

（三）标准作业，保证质量

在高雄区农改场、屏东市农会与屏东县政府的辅导下，产销班导入标准农业作业程序，全班学员都取得“三章一Q”——“有机农产品标章”“CAS台湾优良农产品标章”“产销履历认证标章”及“台湾农产生产溯源QR Code”，从而保证归来牛蒡的质量。2011年产销班荣获台湾“十大绩优农业产销班”称号（图9-10）。

图9-10 产销班获奖情况

（四）统一规格，建立共同品牌

除了在质量上下功夫，产销班还注重产品差异化。采用客制化方式处理牛蒡，去掉头尾两端，保留直径2.0～2.5厘米、口感最佳的牛蒡部位，进入北部知名卖场或超市贩卖，在市场大受好评之后，该产销班又推出牛蒡食谱，在超市供消费者免费索取，刺激购买意愿，终于归来牛蒡重新在内销市场站稳脚跟。产销班学员向心力极强，采用企业化经营，统一制定规格及价格，统筹制定生产契约，以公开说明计价方式，与厂商、通路商契作，掌握直销通路，以共同品牌“大力参牛蒡”营销，大大提高产品附加价值，每千克平均价格65元新台币，高于市场平均价格86%[3]。

（五）精深加工，拓展市场

多元利用被去除头尾的牛蒡才是增加农民收入，也是归来牛蒡产业能否提升价值的关键。产销班员结合投入生物科技产业，研发牛蒡新产品，经与学术界合作多年，终于取得“牛蒡低温处理设备”等研发技术专利。产销班的“下脚料”或是不符规格的牛蒡，经加工成为牛蒡茶及牛蒡精华素，成为明星商品。“大力参”牛蒡产品，从生鲜牛蒡、牛蒡茶、面条、脆片、香松、保健品、机能饮品等，成为台湾有机牛蒡第一品牌。牛蒡茶供不应求，牛蒡精华素也被视为养生保健食品，原本每千克50元新台币的牛蒡，卖到1罐约3 000元新台币，创造出近百倍的价值，而且日本订单不断。牛蒡脆片是健康点心，有机牛蒡茶是最热销的产品，有机牛蒡玫瑰花茶是最新饮品，以“大力参”为主体的有机牛蒡产品获奖无数（图9-11）。

图9-11　牛蒡产品

归来“大力参”，从传统农业发展至精致农业，如今更迈入生物科技领域。产销班除了进一步研发牛蒡酥或牛蒡糕点等伴手礼，也采取“小地主大佃农”方式，扩大生产面积，实现牛蒡产业业态创新。

参考文献

[1] 蔡佳珊. 瓜瓜园启示录，上下游新闻（2019-03-21）.https：//www.newsmarket.com.tw/blog/118025/.

[2] 刘俞青，刘育菁. 50克小金砖，从八卦山飞入东京南青山［J］.今周刊，2014（894）：70-75.

[3] 徐清铭. 青年梦田，台湾牛蒡原乡［J］.丰年，2012（1）：128-132.

第十章

花卉园艺休闲农场案例分析

台湾自2001年起，陆续推动多项农业转型政策，如“一乡镇一农渔园区”计划共核定48处休闲园区的筹设与兴建，并开放休闲农场和休闲农业区内农舍经营民宿，台湾当局提供经费协助休闲农业区的公共设施建设。休闲农场是台湾地区农业类型中最具代表者。休闲农场具有多种自然资源，如山溪、远山、水塘、多样化的景物景观、特有动物及昆虫等，因此休闲农场可发展的活动项目较其他类型的休闲农业更具多样性。常见的休闲农场活动项目包括农园体验、儿童活动、自然教室、农庄民宿、乡土民俗活动等。休闲农场将农业生产、农村生活、农村文化、田园景观及自然生态等资源广泛纳入休闲农业范畴，朝综合性经营的方向发展。台湾由于独特的地理和气候条件，特别适合花卉园艺作物生长，以花卉园艺起家的休闲农场也有很多成功的案例，分析这些案例的做法和经验，旨在为中国大陆休闲农场新业态的发展提供借鉴。

一、案例概述

（一）台一生态休闲农场

台一生态休闲农场位于南投县埔里镇，成立于1991年，最初是以蔬菜及花卉的种苗培育为主，后来由于农业生态环境改变，当局推广“精致农业”，因此1996年成立休闲农场，以“从一粒种子观察生命的奥妙，用花香装扮多彩人生”为宗旨，增设多项具有教育文化与休闲娱乐的设施，如浪漫花屋、压花生活馆、DIY才艺教室、景观花桥、亲子戏水区、可爱动物区、度假木屋，以及各类植物生态标本区等，并在园区内完成第一批住宿区童话小木屋，以精致小巧的外形与农场景致融成一体，于2004年陆续完成花卉驿栈及水上花屋住宿区以不同的外观设计与房型满足消费者不同的需求。园区面积由最初的0.45公顷扩增至50公顷，农场特色主题有花神庙、雨林风情馆、悦鸟园、蝶舞馆、绿雕公园、绿茵广场、花卉迷宫等。农场多元化发展，将“台一”生产的花卉、蔬菜巧妙地应用在日常生活的“衣、食、住、行、育、乐”中，提供了一个兼具“休闲与娱乐、知性与感性”的园区。2016年台一生态休闲农场荣获台湾观光部门颁发的优良观光产业团体第一名、四星级饭店、民宿及环保旅店标章；2020年7月，又荣获了台湾特色农业旅游金奖（图10-1）。

图10-1　台一休闲农场的特色主题

（二）花露休闲农场

花露农场位于苗栗县卓兰镇，于1987年建立，以花卉生产起家，占地约50亩[①]，是以花卉香草植物结合自然生态与芳香休闲的农场，是香草文化的创意产业，有休闲水榭、香草能量花园、雨林餐厅、薰衣草园、绿茵地、精油城堡、精油博物馆、产品展览馆等，提供精油展览、生产、教学、提炼DIY体验及贩卖服务，有特色餐饮和住宿（图10-2）。

① 亩为非法定计量单位，1亩≈667平方米，下同。

图10-2 花露休闲农场的特色主题

（三）薰衣草森林

2001年11月于台中新社山区创办，由一片原生态的山林打造成文艺气息浓郁、融合中西方文化创意的以薰衣草香草植栽为名的花园农场休闲景点，已经成为台湾中部热门的山林休闲文创园区，也连续多年入围台湾百大旅游景点，每年吸引超过百万游客造访。截至2016年总营业额超7亿元新台币，已拓展了多家分店。截至2023年已建立十个品牌，包括薰衣草森林农场、心之芳庭婚庆、森林岛屿商店、桐花村餐厅、好好平台、缓慢民宿、寻路民宿、漂鸟青年旅馆、本质旅行社、小春日和旅行社，涉及餐饮、旅宿、零售、婚礼、游憩、策展及旅行社等多元业种，其中缓慢北海道更是台湾首家以企业形式在日本设立的民宿。

二、做法与经验

（一）善用当地资源，三产融合发展

台一生态休闲农场花草相映，既有花香四溢的特色景观“花神庙”，又有热带雨林和各类蕨类争展绿意的“雨林风情馆”，还有被各种花卉、落羽松所包围的“银河水道”等。每一处特色景观，除自然之美外，还有其独特的文化魅力。南投埔里早期就有“蝴蝶王国”之称，台一农场利用

许多农业废弃物打造蝴蝶生态馆，种植多种蜜源植物，培育各种各样的蝴蝶，便于游客近距离观察认识；园区还利用香菇废弃物等有机物质，营造出甲虫的生活空间，打造甲虫生态馆。将生态自然资源赋能到景观建筑、美食餐饮、文化民俗、场地空间、购物体验，巧妙形成一二三产业融合的全产业链发展（图10–3）。

图10-3　台一休闲农场的特色景观

花露休闲农场实现了农业产业升级，并且融合一二三产业协同发展。一产种植的各种芳香花卉植物，为二产的精深加工提供原材料，延伸出各种花卉食物、护肤品、文创产品、科普教育产品等，进而让三产以一二产为本提供服务和旅游配套（图10–4）。

图10-4　花露休闲农场的特色景观

薰衣草森林包含吃、住、行、游、购、娱，并围绕“薰衣草”主题，形成耕种体验、田园景观、精深加工、产业融合等集于一体的多功能休闲农庄，不仅以现有资源形成特色景观、特色民宿、特色活动、特色体验、特色餐饮、特色产品，更从五感（形、声、闻、触、味）为游客们营造出观有感、形有色、食有味、触有得的休闲乐园。

（二）运用创意，打造特色产品

台一生态农场精心规划主题馆，有花卉造景、自然生态与悠闲住宿，可以享受赏景看花、自然学习、体验农事的乐趣，花卉、植物融进建筑、屋顶、墙面等等，形成小型花博展[1]。农场结合独有特色，进行鲜花美食创新，如玫瑰石莲花手卷拼盘、百果香紫米饭盅、台一手工冰激凌、花卉水果橙汁虾等，这些食香、果香、花香相互交织的花卉料理，不仅为游客们提供食物供给，更成为台一生态农场的特色吸引物之一，让游客体验赏百花、尝花餐、饮花酒的慢活美学享受，身心都沉浸在花香世界里。以鲜花主题，分不同层次、不同风格为游客们提供不同的住宿选择，如花泉卉馆在绿色建筑基础上，为游客们营造“春露”“夏荷”“秋枫”“冬恋”等不同风情的特色民宿，酒店的窗帘、地毯、床上用品、洗漱用品，充满了花样人生的创意，甚至连走廊也成为拍摄婚纱照的景点。在资源、空间、景观、人文等多重优势下，台一生态休闲农场为游客们承办“婚礼服务”，结合婚庆活动的主题，以“花泉卉馆”、南芳花园宴会厅、“花神庙”“花神许愿池”为载体，完成宾客住宿、婚宴、婚纱摄影、婚庆礼品的全方位、全过程服务（图10–5）。

图10-5 台一休闲农场与花卉婚庆相关的景观设计、餐饮、住宿

花露休闲农场园区花卉、香草植物种类繁多，并延伸开发出以香草植物精油为主体的创意商品，具有非常明确的主题特色。农场内生产的多数产品都与花草相关，不但富有创意，且深具附加值，如香茅油、樟脑油、生姜薄荷洗发精乳及沐浴乳、薰衣草和迷迭香润丝精、香茅薄荷抹草三合一沐浴乳、老姜精油泡澡素、无患子的天然洗洁剂，以及各种精油香皂等，实用性佳，接受度亦高，适合作手伴礼品。还利用当地知名的油桐花制作项链等文化创意商品，创办了“携手桐心”桐花婚礼[2]（图10–6）。

图10-6 花露休闲农场的精油城堡

薰衣草森林开发了多种多样的商品，从洗浴用品、保健化妆品、食品饮料、旅游纪念品、日常用品等方面做足薰衣草文章，使薰衣草产业链不断延伸[3]。目前“薰衣草森林”开发销售的文创及衍生品产品有数百种之多[4]。除了以年轻人最爱的薰衣草饮料、薰衣草菜肴外，还有以薰衣草精油为主的沐浴、保养、香氛商品如手工香皂、薰衣草香包等。香氛产品除了经典的薰衣草味道之外，还开发出森林系列，即用野姜花、洋甘菊、鼠尾草等混合而成的“雨后的森林”香气，包括身体乳、按摩油等产品。餐饮方面除了以薰衣草为主的各式加工品，也有香草料理的餐饮、森林咖啡馆与纪念品商店等，推广香草植物入菜，让游客欣赏香草植物，了解这些植物的用处，寓教于乐中，带动香草文化与休闲产业发展。

（三）发展体验经济，生态科普寓教于乐

台一农场以“自然生态教育”为宗旨，吸引了中小学生前来参观学习，成为很多学校户外教学的固定基地，仅“自然生态教育”这一项，每年就吸引4万台湾中小学生前来参观学习[1]。“蝴蝶生态馆”与“甲虫生态馆”目前为亚洲最具规模的生态馆，兼具教育学习与农业休闲功能。农场还通过“蜜蜜花园”的观光线路，既为游客们营造沉浸式的观赏体验（蜜蜂生态介绍、现场蜂蜜汲取等），又巧妙将农产品（蜂蜜及花粉等）进行现场直销，有赏、有玩、有学、有食。多项DIY课程，如压花钥匙圈、押花纸扇、组合盆栽以及青蛙黏土蜡烛等，分享农业生产、生态生活的乐趣（图10–7）。

图10–7　台一休闲农场的科普教育

花露休闲农场在体验活动方面，以精油乳液DIY、精油防蚊液DIY等融合产业特色，加上良好的空间规划，场地宽广、光线佳，深受好评。在这里不仅可以赏花观草，更能从饮食、手工制作、养生芳疗、花草产品应用等多元体验花卉与香药香草的美好。精油博物馆是农场的特色之一，以体验式的方式认知精油的前世今生，介绍不同的香草植物以及香草植物精油萃取的过程，游客通过亲手体验提炼精油、调制香水、天然护肤霜等DIY体验课程，寓教于乐（图10-8）。

图10-8　花露休闲农场的体验活动与产品

薰衣草森林从休闲、农耕、季节等角度，通过对资源的深入挖掘与分析，创造出参与感强、体验度高、互动性好的多种活动体系，如入园的“净身仪式”、初衷小屋的“传递梦想”、年度邮局的“手写仪式”、一亩田的“农耕体验”、花期盛开的“香草课堂”、漫步森林的“户外拓展”，以及不定期举办的各种季节性活动如薰衣草节、绣球花节、萤火虫节、许愿活动、心之芳庭（婚礼活动）等，将资源特色与游客需求进行完美融合，活动有亮点、有体验，增加游客参与感。

（四）注重养生功能，促进身心健康

台一农场结合多种花卉材料，研发出花卉料理，符合现代人追求营养健康的养生条件；也紧随康养潮流，为游客们提供在房间内即可享受身心放松的“花翔SPA”体验。

花露休闲农场跳出花卉产品和服务的单一性，以花卉为基点，打造出精油博物馆、园林餐厅、精油城堡，满足游客对健康养生的需求。梦幻之城精油城堡有多种特色民宿供选择，如玫瑰花王后房、桐花房、香氛房等，房间可以精油泡澡，舒适浪漫。园区所栽种的香草植物及芳香玫瑰花，都能成为桌上佳肴，如香水玫瑰餐、园区内采撷花草冲泡成的花草茶、农场栽种的有机菜，以及特色养生菜肴如桂花醋养生蔬果虾、迷迭香宫保双、茶叶山鸡、水果海鲜火锅巴等。

薰衣草的香气，不仅能镇静安神，更能给人以心灵的疗愈。薰衣草森林不仅将这种香气以园区“净身仪式”的功能化呈现，更将多种不同的香草气味，融入景观、融入活动、融入美食，如在香草House，推开窗户，就可以嗅到淡淡甜甜的香草香气；在森林咖啡屋，可以品尝到香草入味的风味餐饮；在森林岛屿，可以被香草花茶、香草香氛用品及薰衣草森林限定品的香气所围绕，甚至在女厕，都会因一种独特香气，而让游客们倍感幸福。

三、启示

（一）三产融合，“三生有幸”

台湾休闲农业成功的经验主要之一是农场经营者能挖掘其优势资源，发挥农村及农业资源特有的生物性、季节性和实用性，以营造农场的特色。充分利用自然资源、景观资源、产业资源、人力资源、文化资源，在第一产业（种植）的基础上，以优越的自然生态资源为核心，通过对区域资源的深度挖掘，设计观赏景点和体验活动，完善农产品加工，供给特色农产品，将自然生态资源变为“可赏、可玩、可食、可住”的特色旅游资源，并依据农业特色和观赏体验，为游客们提供融合上下游产业链，真正实现一产、二产和三产的深度融合，将生产、生态、生活融于一体。休闲农场是提供市民暂时脱离家庭与工作束缚的“第三空间”，提供新鲜空气、洁净水、无毒蔬果、养身餐饮及健身运动，并营造和善而富有人情味的社会情感，有利于游客身心放松、养生健康，充满幸福感。这些休闲农场以花与香草植物为媒介，将农场生产的花卉应用在食、衣、住、行、游、乐中，打造生活、生态、生产一体的园区多元化形象，让游客备感幸福，称之为“三生有幸”。

（二）注重细节，有精心的设计和完善的服务

台湾休闲农场主打“精致生活方式”，注重文化的开发融入，做到不仅仅卖产品，卖的更是一种生活方式和生活品质。农场的花卉产品和水果都是原生态、有机的，同时衍生的花卉和精油等系列产品又是优质的、充满文化创意的。农场以“花”为主题，以“花文化”为灵魂，在餐厅、民宿以及景观上实现游客梦想的高品质的产品和梦幻的生活方式，植物被应用于农场的每一个角落，甚至连农场的卫生间也经过绿化或花卉创意设计，满足了游客高层次的精神需求。休闲农场以人性为核心，设计出高附加值的商业和高品质的服务，并运用创意，创造商品的故事、仪式、活动、图腾，引领消费者进行深度体验，让消费者感动。创意产品的卖点，不仅仅在于良好的产品功能，或是强调标准化的服务流程，更重要的是赋予产品一则故事、一种感动、一个认同，来满足目标客户的心理需求。

参考文献

[1] 王雪梅. 像绣花一样做农业——探寻台湾精致农业的奥秘[J].农村工作通讯，2019(14)：35-37.

[2] 于晓. 台湾花露休闲农场的商业模式[J].中国农垦，2019(11)：40-41.

[3] 杨红. 创意旅游视角下的福建省乡村旅游发展研究——以台湾乡村旅游发展为启示[J].旅游纵览，2014(7)：238-242.

[4] 文卫民，邹文兵，林昆范. 我国台湾地区文化创意产业发展类型分析及经验启示[J].南京艺术学院学报(美术与设计)，2018(1)：123-128.

第三篇 福建实践

第十一章 福建省茶产业业态创新研究

一、茶产业概述

福建是名茶的故乡，有着千年的茶文化历史，是茶文化的发祥地。中国的绿茶、乌龙茶、红茶、黑茶、白茶、黄茶等六大茶类，以及再加工的花茶、茶饮料、茶食品中，乌龙茶、红茶、白茶、花茶均发源于福建[1]。

茶产业是福建省分布最广、涉及人口最多、惠及面最广的涉农产业，茶业是福建省重要的特色优势产业。2021年福建省茶产业全产业链产值超1 400亿元，茶叶总产值、全产业链产值、出口额增速等指标均居全国第一[2]（图11-1）。

图11-1　武夷山的茶园

全省茶产区分为闽东产区（宁德、福州）、闽北产区（南平）、闽南产区（泉州、漳州、莆田、厦门）、闽西产区（龙岩）、闽中产区（三明），其中宁德市茶园面积和产量分别占全省的29.63%和24.24%；泉州市茶园面积和产量分别占全省的22.68%和19.24%；南平市茶园面积和产量分别占全省的18.50%和17.17%[3]。各地市都有优势茶类：乌龙茶优势十分明显，形成了以安溪铁观音为代表的闽南乌龙茶、以武夷岩茶为代表闽北乌龙茶以及以福建优良茶树品种鲜叶为原料，在吸收台湾乌龙茶工艺特点的基础上进行创新的清香型乌龙茶；以武夷山的正山小种为代表的小种红茶，以福安坦洋工夫、福鼎白琳工夫和政和工夫为代表的工夫红茶；以三明针螺型绿茶、宁德天山绿茶、武平炒绿、罗源七境堂炒绿为代表的绿茶；福鼎、政和、建阳的白茶；福州和闽东茶区的茉莉花茶等茶类[4]。武夷岩茶、安溪铁观音、福鼎白茶、福州茉莉花茶、福建红茶5个拳头产品带领全省茶业形成产业集群。

悠久的产茶历史，深厚的文化底蕴，造就了一大批非物质文化遗产项目，福建省目前拥有世界非物质文化遗产6项（中国传统制茶技艺及其相关习俗被列入联合国教科文组织人类非物质文化遗产代表作名录），国家级非遗项目6项，省级非遗茶叶项目23项，在全国产茶省份中位居首位[3]。福州茉莉花茶与茶文化系统和安溪铁观音茶文化系统入选全球重要农业文化遗产，这是福建茶文化挖掘、保护与传承的又一个重大成果（图11-2）。

图11-2　茉莉花茶生产

二、做法与经验

福建省茶产业是目前所有农业产业中（除烟草外）产业链最完整、最长的特色产业，茶产业拉动了产品加工和包装、营销贸易、物流运输、餐饮旅游等第二产业和第三产业的发展[4]。

（一）茶业文旅

经过多年探索实践，福建省茶文化与旅游产业融合发展已迈出新步伐，以市场为导向，以文化为纽带，将茶资源和游客消费需求有机融合，建成了一批茶园观光、制茶体验、茶艺表演和中式茶民宿等项目，如耳熟能详的武夷山“印象大红袍”“永福樱花茶园”“华祥苑茶庄园”等茶旅融合项目。

1. 茶园观光

漳平永福樱花茶园以“樱花+茶园”为核心培育旅游产业，观光旅游带来大量人潮，既增加了茶叶销售，也带动周边餐饮、住宿、花卉、物流等经济发展，为村民拓宽了致富道路，也给乡村振兴注入新活力。截至2021年，漳平累计接待游客近700万人次，实现旅游收入超过100亿元，其中，2021年园区共接待游客近60万人次，实现旅游收入近10亿元（图11-3）[5]。

图11-3　漳平永福的樱花茶园

武夷山以茶园、茶田为载体，以茶旅游为内容，以茶创意为动力，通过景观改造和花木补植，美化茶园景观，改造燕子窠、仙茗、仙人岩等茶园的林相，推动茶区变景区、茶园变公园、茶山变金山，发展茶旅融合新业态模式[2]。

2. 茶庄园

茶庄园不只是一个安全的种茶基地，它既是一个茶叶博物馆，也是一个技术研发中心、一个文化馆。茶庄园环境优美，有园林式景观，不仅可以提供吃、住、玩，还能体验茶文化、采茶、生产、加工等流程，是集生产科研、旅游观光、文化体验、收藏品鉴等于一体的综合性茶文化基地。福建近些年来扶持建设了像安溪华祥苑茶庄园、武夷山香江茗苑、福鼎品品香白茶庄园等一批茶庄园[6]。安溪县在全国率先发展茶庄园业态，建成22座各具特色的茶庄园，“海丝茶源·茶旅圣地”线路入选农业农村部2020年中国美丽乡村旅游（秋季）精品线路，每年吸引120万人次以上的“铁粉”到安溪体验消费[7]。

3. 茶业深度体验

深入挖掘茶道、茶艺、茶诗、茶歌、茶戏、茶事、茶俗等茶文化，把茶业和演艺、摄影、科普、营地等活动相结合。

将茶事和演艺进行融合，最为成功的属武夷山的“印象大红袍”，将采茶、做茶、喝茶等一系列用音乐、舞蹈等形式展示给观众，让观众在欣赏艺术的同时，体验到大红袍传统茶事活动。武夷山市还推出了3条大红袍八段锦茶旅融合线路，推出了“香江茗苑”“茶言精舍”等茶研学精品项目。

（二）精深加工与产品多元化

目前福建省已开发袋泡茶、速溶茶、茶含片、茶水饮料等快捷茶品，对茶色素、茶多糖、茶氨酸、茶多酚等有效成分进行了提取和利用，鼓励发展新式茶饮、茶功能性产品及茶日用品等，提升了茶叶资源的综合利用率[8]。

安溪的茶叶深加工企业开发新一代功能性茶产品，向食品加工、生物医药、日用化工、茶生物提取等行业延伸；发展茶叶精深加工，开发袋泡茶、速溶茶、茶含片、茶水饮料等快捷茶品，在茶多酚、茶氨酸等茶叶生物科技产品研发等方面取得突破。

龙岩市茶叶初精深加工取得了一定成效，不仅拓展产业链长度和深度，也极大地提高了茶产业的综合效益。一是利用茶叶副产品（茶片、茶末）及山区野生植物（鱼腥草、藤茶等）或人工种植的植物（荷叶、生姜等）等原料为主，通过几年来的技术对接、设备改造与引进、美化产品包装、加强多渠道营销等措施，已闯出了稳步发展之路，年产值已超亿元；二是生产经营相应的茶叶提取物，如茶多酚、茶氨酸、茶多糖、儿茶素、EGCG单体等各种系列产品，广泛应用于食品、保健品、日用化妆品和药品；三是逐年开发各种茶食品，包括茶香鸡、茶香蛋、茶香酥、茶香枕、茶香蜜、茶香粉等茶叶延伸产品[7]。

武夷山市开展茶膳、茶食品研发创意大赛，开发武夷茶宴、武夷之恋、武夷茶压片糖果、大红袍茶漱口水等新产品[2]。

（三）智慧茶业

这两年，福建茶业科技狂飙突进，更不断落地应用、赋能发展，以科技进步掌控茶业发展的主动。

全国首个5G智慧茶园示范点于2020年8月落户福安坦洋，利用5G、物联网、大数据、云服务等核心技术，建立了环境智能监测及识别系统、智能灌溉系统、可视化视频监控系统、病虫害监控管理系统等八大系统，实现了园区虫情信息自动采集和实时监测，植保信息的动态定位采集、数据自动上报、实时更新及可视化显示。

安溪在国内率先布局“卫星+”，2022年“安溪铁观音一号”卫星和“安溪铁观音二号”卫星成功发射，规划建设中国福茶数字科创园，发力数智茶链新赛道，可直接应用卫星遥感、现代光学技术和大数据等，开展安溪茶园病虫害测报、土壤肥力检测、茶叶产量测算和茶园抢险救灾等，为茶企、茶农进行茶园规划、管理、估产及灾害治理等提供强大的数据支撑，为县域智慧茶业体系建设打下基础，进而逐步探索符合自身生产要素禀赋的内生发展机制，最终走出一条中国特色的茶业现代化之路[7]。

福鼎推进白茶智慧茶园监控、8K+5G高清视频系统连接央视专线和福鼎白茶茶园立体气象监测等系统建设项目。结合白茶可收藏特点，利用5G、物联网、大数据技术、云计算等信息技术，提供对茶仓、窖藏环境的智能感知、预警等服务，实现智能化、可视化管理。全省首创的农村生产要素平台结合福鼎白茶大数据系统，依托农户茶园、白茶存货、茶企厂房、林权、农村土地承包经营权、“福鼎白茶”商标使用权等要素，创新茶园信息贷、茶贷通、茶企托管贷、兴茶贷、兴农林权贷、农村土地流转贷、邮茶贷等，创新要素金融服务实现金融有效供给，提供更灵活的供应链金融、免担保等金融服务。

（四）电子商务

安溪县2021年全县累计网络零售额268.34亿元，同比增长25.7%；县域茶叶电商销售收入达66.89亿元，同比增长37.8%，占全国茶叶电商近1/4的市场份额，名列全国县域茶叶电商第一位；淘宝镇增至10个、淘宝村54个；安溪县位居2021年全国农产品数字化百强县排名第一[7]。

福建首个官方抖音电商直播基地落户武夷山市，聚焦茶业视频内容孵化建设，茶农茶企直销，达人带货，推动数字经济进入更深入、更宽广的发展空间，打通农村物流渠道，带动产业带直播电商发展。该基地2021年3月运营至今累计招商超10 000户，其中服务武夷山本地茶叶企业1 500余户，累计在抖音电商平台销售茶叶产品近30亿元。

福鼎昌泰仓储与金融部门成立的“白茶宝”，能以快捷、优惠的方式帮助客户从银行贷款，是目前国内唯一一个以福鼎白茶为核心的“电商+实体仓库+投资”的物联网综合平台。

（五）会展茶业

福建省茶业会展主要包含茶业博览会、品牌推广活动、文化节、斗茶赛四种类型，此外还有少量的发布会、品鉴会、论坛等活动类型。其中，斗茶赛在福建全省各地均有举办，在所有会展活动中斗茶赛最为丰富。同时，福建省茶业会展活动往往不是单一活动，还包含其他类型茶业会展主题活动，或几种类型茶业会展活动同时举办，或穿插在其他会展活动中[9]。以茶博会、旅博会为支撑，策划茶旅会展节庆，政府搭台、旅游唱戏、商贸为主，开展茶文化旅游商贸活动。

福建省茶业博览会中有影响力的博览会主要有海峡两岸茶业博览会和中国厦门国际茶产业博览会。

福建省举办的品牌推广活动有区域茶品牌推广活动和县域茶品牌推广活动两种类型。2010年，福建省在全国率先推出区域茶品牌推广活动——

"闽茶中国行"，创办至今，已成功走过海峡两岸14站。

福建省各地都有举办各具特色的茶文化节，其中持续时间长，影响力较大的有福鼎白茶开茶节、大田中国高山茶文化节、漳平水仙茶开采节和梁野山采茶文化旅游节等，近年新兴的茶文化节有中华北苑贡茶文化节、福州春茶开采节和连江县长龙茶山文化节等。茶文化节对促进当地茶产业发展，集中展示当地茶产业发展成果，为当地茶产业拓展国内外市场起到积极推动作用。

福建省举办的斗茶赛有民间斗茶赛和官方斗茶赛两种类型。民间斗茶赛以武夷山为甚，有武夷山天心岩茶村斗茶、茗川世府制茶能手大赛及"南茶飘香"制茶技能大赛等。官方斗茶赛的特点是持续时间长、具备一定的赛事规模并产生较大的社会影响，为构建区域茶产业交流平台，打造区域茶叶品牌，拓宽区域茶叶销售渠道，传播福建茶文化，拓展国内外茶叶市场等方面发挥了重要作用。

（六）茶业机械制造、包装、物流

安溪县推动加工清洁化、连续化、智能化，茶叶机械研发、制造、销售引领业界，壮大茶机械、包装、器具、物流等，其中，茶机械年产值4亿元，修剪机、烘干机占据全国80%以上的市场份额；茶包装年产值近40亿元，市场份额占行业同类产品的1/3，在全国同行业中居于领先地位，已经成为国内最大茶叶包装生产地和集散地[7]。

三、主要问题

（一）精深加工不足

茶叶加工仍以泡饮单一产品为主，综合利用率低，产品研发创新能力不强，茶产业链衍生品少，在茶饮料、茶保健品、茶食品、茶洗护用品等领域缺乏深度开发与利用，产品科技含量不高，深加工产品较少，产业链附加值低，茶的价值不能得到完全的体现。茶叶的主要成分、保健成分还不清晰，茶保健品开发不足。如茉莉花香气的利用还停留在制茶方面，在精油、制药等领域研究有限，产业链没有得到有效延伸。

（二）茶文化未得到充分挖掘和有效传播

对茶文化的研究和系统梳理不够，对茶的生态、健康、包容、开放等方面的价值挖掘和阐释不深入，缺乏系统化茶文化与产业融合发展研究，茶文化产业链尚未形成。全球重要农业文化遗产的历史文化底蕴未能得到深度挖掘。

（三）茶业生产流通科技创新能力不高

在种植方面还普遍存在集中度低、靠天吃饭、广种薄收、传统粗放的生产管理模式；茶农普遍年龄较高且文化水平低，在茶园科学种植和虫害治理知识严重欠缺，易导致茶叶在源头上存在质量问题；信息科技在茶园种植领域的运用还很薄弱，还有很大的挖掘潜力和发展空间[10]。企业多数选择淘宝（天猫）、京东等传统电商销售渠道，与新零售的结合度不高，未能充分开拓抖音、快手、小红书等渠道，短视频引流、社群空间“种草”、粉丝变现等特性利用率有待加强。

（四）茶文旅项目规模大的不多，影响力不足

以茶园、茶庄园为主题的旅游项目规模不够大，龙头企业总体呈现“多、小、散”状况，影响力不足。

四、对策建议

科技创新和文化创意是茶业业态创新的车之双轮、鸟之双翼。

（一）科技赋能，促进茶业智能化与产品多元化

只有加快茶叶产品的深度开发和综合利用步伐，拉长产品链条，才能提高产业的附加值，增加茶农收入。利用先进的科学技术和生产要素装备加快推进茶内含功能性成分及保健功能研究项目，支持有实力的茶企开展茶叶精深加工研究，应用现代提取、分离、纯化技术，开发新一代功能性

茶产品，向食品加工、生物医药、日用化工、茶生物提取等行业延伸，鼓励开发茶饮料、茶日用品、茶保健品、茶化妆品和茶特色餐饮等茶深加工及茶衍生产品，延伸产业链，积极帮助龙头企业申报国家农产品加工技术研发专业中心项目。

用大数据把茶叶生产过程标准化、模式化，改变"让茶叶生产只能靠天吃饭"的情况。引进物联网技术与现代信息技术，建设精准化和智能化的生态有机茶园，从源头上打好基础，提升产品的市场竞争力。利用互联网思维、新媒体平台，共同探索研究年轻人喜好，积极传播好茶文化，让品茶、喝茶的方式更加年轻和多元，拓宽茶叶宣传营销渠道，让更多的年轻人成为茶的忠实爱好者和传播者。运用新思维、新视角、新方式，探索发展茶叶深加工向功能领域衍生，如即开即饮的便捷式纯茶饮、功能型茶饮与医学运用领域拓展等。

加快福茶网建设，推动线上线下深度融合，逐步实现茶叶从种苗、种植、加工、包装、仓储、交易、物流和茶叶技术交易、茶叶机械交易、茶叶金融服务、人才服务的全流程服务；以线上为主，再逐步整合线下资源，将福茶网打造成全国乃至全球最有影响力的茶叶交易总部、结算总部、茶产业数字化运营中心和茶文化推广基地。整合茶业资源普查成果、区块链溯源、电商交易、茶山监管、舆情监测等，建设"茶产业资源大数据"平台，形成数字化、可视化、交互式的"茶生态银行"一张图。

（二）促进茶产业文化化，茶文化产业化

一是政府策划与扶持，打造地方特色茶名片。立足当地的历史文化，整合农业、园林、文学、艺术、旅游、教育、建筑、市政、影视、多媒体、婚庆、餐饮等多方资源，充分发挥当地文化力量，打造地方特色茶名片。比如利用"有福之州，七溜八溜不离虎纠"的老话和茉莉花"全球重要农业文化遗产"优势，打造"茉莉（莫离）福州"名片，加大推广力度与能量，提升福州茉莉花在全国乃至全世界的影响力。利用声光电等高科技，打造"茉莉（莫离）福州""印象茉莉花"之类的大型演出；编排以福州茶港、福州古厝、三坊七巷等与茉莉花茶为主题的影视剧；在福州机场、火车站、高速公路出入口、地铁站、城市公共设施、休闲广场、主干

道路等地方以及相关旅游热点或网红打卡点，设置茉莉花雕塑、吉祥物、花灯、指示牌等，展示福州茉莉花形象。

二是公益推动，全方位多角度展示茶文化。深度挖掘茶历史文化底蕴，包括农学、美学、医药学、文学、戏剧学及历史等，如品种、种植、制作、康养功能、名人名言名画、传说故事、传统口头文学以及作为其载体的语言、传统美术、书法、音乐、舞蹈、闽剧、曲艺和杂技、传统技艺、医药和历法、传统礼仪、节庆等民俗、传统体育和游艺、创意产品等，从科研、文艺、民俗、康养等全方位多角度展示茶的历史渊源。如收集整理与福州茉莉花茶相关的诗、词、文、歌、画，出版相关专著或画册；结合福州曾是最大茶港，以及日本和韩国的禅茶、印度和斯里兰卡的红茶发源地等资源和闽台合作优势，邀请台胞台商，一起举办世界性茶文化交流。

三是以市民喜闻乐见方式，将茶产业文化化。每年举办不同主题的茶文化节，通过茶道茶艺表演，或知名文艺表演团体的主题表演，以话题、故事或名人代言等模式，让茶成为充满感性、有温度的产品。定期举办茶文化比赛，包括音乐、文学、戏剧、研究、摄影、书画、插花、视频等，激发市民的参与意识，吸引媒体报道，增强宣传效果。通过食谱、教材、展示展览、平面媒体（报纸杂志、车体外广告、计算机广告牌、标示牌、旗帜、海报、折页及无线电视台）和电子商务（社群网站、博客、微电影）的广告和专访等方式推广茶文化，让广大市民耳熟能详。建设茶文化主题公园，设计各种浪漫元素，将茶文化主题公园打造成浪漫的婚纱摄影基地。通过各种亲子活动、系列研习等，以轻松活泼寓教于乐的方式，使儿童从小了解茶文化及与当地的历史渊源，增进对茶文化的重视与喜好。

四是企业加盟，将茶文化产业化。根据茶业可食可赏可玩的多功能性，结合旅游、文艺、民俗展开系列活动，开发出有特色的文创产品，丰富茶文化活动的趣味性，增加和拓展需求，带动茶文化产业发展。酒店、民宿等服务场所，在装修装饰、日用品等方面融入茶元素，营造茶文化氛围，蕴含沉静、古朴及典雅之美。如在寿山石、木雕木画、脱胎漆器、纸伞等福州特产上体现出茉莉花元素；生产茉莉花食品，开发新闽菜；生产各具特色的玩偶、文化衫、棒球帽、杯子杯垫、书签、徽章等种类多样的纪念品。

参考文献

[1] 赵慧. 福建茶产业发展现状与对策建议 [J]. 发展研究，2018（6）：71-76.

[2] 佚名. 统筹做好“三茶”文章，构建茶产业发展新格局 [J]. 发展研究，2023（1）：6-14.

[3] 苏峰. “三茶”统筹理论引领福建茶产业高质量发展 [J]. 发展研究，2023（1）：20-27.

[4] 沈立. 农业供给侧结构性改革背景下的福建茶叶产业转型升级研究 [J]. 福建茶叶，2020，42（10）：5-6.

[5] 刘深魁，张海斌，苏达炎. 漳平台创园：十里樱花开，“美丽经济”来 [J]. 两岸关系，2022（3）：49-50.

[6] 管曦. 深耕文化内涵，依托科技创新——中国茶产业发展的启示 [J]. 茶博览，2021（4）：33-39.

[7] 福建省政协农业和农村委员会，福建省乡村振兴促进会，闽江师范高等专科学校，等. 福建省茶产业发展报告（2022）[M]. 福州：福建人民出版社，2022.

[8] 邱守明，苏杨. 茶产业全链条绿色发展思路——基于福建省和云南省的对比 [J]. 发展研究，2023（5）：64-71.

[9] 林琴琴. 福建省茶业会展现状分析及对策 [J]. 武夷学院学报，2023（1）：1-7.

[10] 郑琼娥，雷国铨. 三产融合与茶产业转型升级：问题、驱动力与路径 [J]. 学术交流，2019（5）：114-123.

第十二章

福建“农业+”异业联盟发展

异业联盟（Cross-Industry Alliances）是指由两个或两个以上不同行业的经营主体为某种目的而结成的资源共享、相互融合、风险共担的利益共同体[1]。总的来说异业联盟是“1+1＞2”，不但让各结盟成员实现资源整合，更使得成员间的业务更加密切，有利于形成规模经济从而大大降低成本，同时，联盟间可以进行信息共享、资源共享，能使各成员之间的知名度与品牌在联盟内传播的同时广泛传播到所对应的客户群体，从而大大提升广告效应和影响范围[2]。异业联盟不仅壮大了经营主体本身，更能提升合作伙伴的竞争力，同时也让消费者得到最大的利益，而达三赢的策略目的。异业联盟是产业融合的一种方式或手段，这种创新方式能够推动技术进步、效率提升和组织变革，增强经济发展的活力和动力。将这种创新方式在更大范围地演化和扩散，则能带动产业结构调整，促进产业结构升级，并转变经济发展方式，引领经济由投资驱动发展转向以创新驱动发展[3]。异业联盟是业态创新的一种路径。

目前在农村产业发展过程中，由于受资金、土地和劳动力等要素的限制，很多经营主体由于自身能力局限，在产业链中参与度与贡献率不高，产业链的整体发展程度受限。异业联盟能够有效改变农村传统的“小而分散”的生产方式，发展“吃、住、玩、行、购”合作联盟，优化产业结构，延伸扩展产业链条，突破产业间壁垒，促进新业态生成，以最小的成本获得最大的效益。通过异业联盟可以结合多方资源实现合作共赢，从而促进产业兴旺实现农民共同富裕，因此在乡村振兴背景下研究异业联盟促进乡村产业兴旺的机制创新有重要的现实意义。

在互联网与信息技术的加持下，我国乡村产业，尤其是农业农村领域发生的异业联盟以一产为基础，纵横连接各行业与产业，呈现出更加强劲的覆盖力与鲜活生命力。

一、做法与经验

农业本身具有多功能性，休闲农业与各领域巧妙结合创造出的价值远远超越各自本身，农业和乡村旅游的界限已越来越模糊，福建省乡村产业以农业和乡村旅游为主，乡村产业异业联盟以“农业+”为链接节点，以乡村旅游为主要方向，逐步展现出应有的活力。

（一）联盟业态多样，合作内容丰富

福建省乡村产业异业联盟以“农业+”为链接节点，呈现多业态协同发展趋势，如农业+旅游业、农业+宗教业、农业+超市零售业、农业+物流业、农业+康养业、农业+信息技术、农业+节能环保、农业+数字创意等产业间异业联盟，内容丰富。

三明市源丰公司在梅列区陈大镇碧溪基地种植南方葡萄1 000亩，内设2 000米葡萄观光长廊，并建成南方第一家葡萄酒庄园。该企业和旅行社结成联盟，推出“三明瑞云山+福建第一葡萄酒庄一日游”等旅游线路，让游客参观提子葡萄园、酒庄、地下酒窖、品尝葡萄酒、了解葡萄酒知识等，通过这种方式售出的提子葡萄和葡萄酒约占总量的40%。农旅结合，农旅共强，以农促旅，以旅带农，正成为农业+旅游联盟的发展态势（图12-1）。

图12-1 源丰公司的葡萄基地与酒庄

福州雪峰文武农场的茶园面积有5 000亩，从2017年开始，每年4月结合茶禅文化，和有“南方丛林第一”美称的雪峰寺结成异业联盟，组织禅茶游，打坐参禅，体验“采茶、制茶、品茶、购茶、茶艺、茶食”，同时感受千年禅宗雪峰寺文化，是农业+文化产业联盟的基本业态（图12-2）。

图12-2　福州雪峰文武农场与雪峰寺

农超对接即农产品生产基地和超市的联盟，农户与超市建立稳定可靠的合作关系，发展订单农业，既能保证产品的销路，有效避免生产的盲目性，也能减少中间流通环节，增加农民收入，如优野蔬菜、光阳蛋业和永辉超市的联盟等，合作双方均获得了超过单独经营的收益。2020年新冠疫情期间，农超对接在农产品产销两端构建连接，为滞销农产品搭桥纾困，如永辉、新华都、朴朴等重点商超（配送）企业与主产区建立稳定可靠的产销协作关系，把农产品送到百姓家门口。

2020年福清市一都镇政府引进福建省果之道供应链，合力建成枇杷物流交易中心、包装储藏车间和电商孵化中心，新冠疫情期间枇杷不仅没有滞销，销售总额高达5.16亿元，同比增长9.1%，枇杷销售实现了全镇农民增收4 300万元。农业+物流业极大带动了农产品的销售。

目前电商已成为农产品销售的重要方式，如建阳溪源村通过微信和抖音销售的农产品约分别占总量的50%和20%。

此外，农业与传统的商业模式及服务业态结合起来，碰撞出来的火花以及发挥的力量会超过本身的力量。比如耕读书院、养生公寓、仓储式超市、高端幼儿园等，这些新业态的出现丰富了农业产品体系，加快农业对社会资源的整合力度，同时也丰富了传统商业模式，并进一步挖掘出他们的赢利点。

（二）联盟模式不同，主体各取所需

纵向异业联盟，即纵向的上下游携手合作，拓展产品销售，如枇杷生产+物流、农超对接、电商等都是这种类型。

横向异业联盟，如连江开心农场，依托贵安温泉旅游度假村，和温泉酒店结成异业联盟，共享游客资源，游客占比70%左右；还有同业中不同行业的联盟，如连江休闲农场“赶海一号”与“望江园”结合，共享消费群。

虚实异业联盟，即虚拟世界（信息产业）与实体商品的结合，实体产业和信息技术产业采取有效的手段，形成新的产业，激发新需求，在价值链上创造新的价值环节，产生新的“价值增量”，如平和蜜柚大数据云平台由平和县农业农村局牵头，和漳州移动公司合作建设，汇聚、分析蜜柚产业数据资源，利用大数据、遥感等技术，面向政府、柚企、柚农，提供大数据决策和服务，内容包括数字柚园+数字柚政+数据柚市、中国柚网数据版+蜜柚大数据中心等，从而实现种好柚、管好柚和可持续发展。

随着经济与科技的不断发展与创新，以往异业联盟更多是在资本、资源、目标群体、供应链层面的合作，现在更重视在信息、数据与线上线下立体层面的合作，这也是异业联盟的发展趋势。

（三）主体数量不同，合作机制灵活

单纯两个主体之间的联盟：有一定规模与基础的家庭农场与农业龙头企业在选择异业联盟合作方式的初期，比较倾向于单纯两个主体间的联盟，这类联盟方式在乡村产业中占绝大多数，往往是主体在各驱动作用下自发结成异业联盟，合作内容相对简单，手段较单一，但更加灵活且富于创新，更容易调整合作内容与方法，无需政府介入。如源丰公司与京尚陶瓷进行合作进行葡萄酒与陶瓷锅搭售，清枫谷运用生态农业资源与婚庆产业进行户外婚礼与农庄婚宴的合作探索，这种联盟方式与合作产品由企业自行决定，更有利于业态的创新探索。

两个以上不同主体结成异业联盟：往往在具备多种农业功能且有较成熟经营经验的农业企业中产生。由于企业自身已经具备开发融合多种农业功能的能力，因此在面对异业联盟选择时，能够通过自身的“节点”属性，有效组织与融合各层次与各方面的经营主体，进行框架方向的制定与统筹开发，产生更大的农业溢价效益。如雪峰农场和雪峰寺自发结成异业联盟，在规模发展壮大后，带动雪峰村餐饮业者和民宿业者加入联盟融合发展，此时通过政府部门介入规划与引导，各产业合作经营，形成以村为整体基础与保障的禅修小镇项目，进一步提升异业联盟在价值链打造上的促进与推动作用。

两个以上主体结成同业联盟后再异业联盟：相对于农户、家庭农场，农民合作社、龙头企业在规模与经营能力上有更强的优势，在跨行业、跨产业的合作上，能够互相提供更多样的合作资源与更全面的合作内容。如连江县休闲农业企业在自身壮大后形成同业联盟，再进一步在地方推动休闲农业与酒店业、休闲农业与文创产业、休闲农业与信息技术产业等多产业间的联盟，最终形成打造连江县乡村旅游“一卡通”的联盟框架，带动连江县乡村产业进一步的产业融合。福清市一都镇的枇杷产业和物流产业联盟、平和蜜柚产业和大数据联盟，分别以村乡（镇）为单位结成同业联盟，再和异业结成联盟，形成带动县、乡一级进一步产业融合发展的新动能。

（四）主体参与积极，“自下而上”发展

福建省乡村产业异业联盟主体以农业企业、产业协会为主。在经济发展与市场需求的推动下，经营主体在异业联盟中有很强的参与积极性，在自身发展受限的情况下，在政策红利或者行业环境的驱动下，在行业或产业内部寻求合作的同时，能够放开眼界与思维，积极自发地跨行业、跨产业寻求合作。自发结成异业联盟的往往多数是农业企业，当产业发展到一定规模，或者同行业结成联盟形成产业协会，其规模更大，此时对异业联盟的需求变成一种必然。但这时的异业联盟则需要更强有力的推手才能顺利落地形成。如南平延平区百合产业协会对物流业异业联盟合作的需求强烈；连江休闲农业协会在进一步推进连江县域层面乡村旅游大融合的情况

下对信息技术大数据产业的联盟合作需求强烈；闽侯荆溪金鱼产业协会在多功能开发需求的驱动下，需要与周边餐饮业、住宿业结成异业联盟，从而进一步推动建设“金鱼小镇”的发展目标。在这样的规模发展阶段仅靠企业或协会自身的力量已经无法满足产业发展所需的软性条件，需要政府部门介入，通过公权力部门强有力的引导与促进，进一步推动更高层次的产业大融合，因此，从根源而言，以市场驱动调节为基础的异业联盟在发展到一定阶段时能够反推激发政府的引导与促进，具有明显的“自下而上”发展特点。

二、制约因素

乡村产业根植于乡村，以农业农村资源为依托，以农民为主体，因此，乡村产业异业联盟的构成基础与主体就是农业产业异业联盟。福建省农业产业异业联盟发展的制约因素主要来自以下几个方面。

（一）异业联盟整体发展层次偏低

异业联盟随着合作的逐步深入与稳固呈现出一种动态发展的趋势，一般经历探索、成长以及成熟三个发展阶段。从现有情况上看，福建省现有县域范围内乡村产业异业联盟的发展由于福建省自然资源禀赋与农业生产本身的特质，决定了农业产业主要由数量庞大的规模较小的经营主体组成，基于自身条件限制，以“农业+”为主流的绝大多数异业联盟的发展，仍停留于简单二元合作的探索阶段，仅有少部分龙头企业能够将异业联盟推进至联盟架构相对稳固且伙伴关系良性延伸的成长阶段，整体发展层次偏低。处于探索阶段的异业联盟规模小、协作结构简单、资源共享程度浅，多在保证自身资源满足已有业务情况下进行试探性协作，客源共享和联合宣传等还是最常用的形式；有相当一部分的合作内容多停留于口头约定或信用约定，没有规范的具体实施制度，缺乏科学的模式，合作范围很有限。如“农业+旅游”仍处于低级阶段，同质性比较普遍，项目多停留在观光、采摘、农家乐、简单的DIY、垂钓、住农舍、餐饮等方面，产品经营模式单一，缺少对乡土文化、民俗风情等历史人文资源的深度开发，缺乏鲜明特色。

（二）异业联盟关键环节瓶颈制约

调研中发现，农村产业经营主体表达最为强烈的诉求在于农村物流所带来的瓶颈制约。物流业是农村产业异业联盟的关键环节，但目前物流业极大制约了农产品上行“第一千米”的发展。目前仅有中国邮政真正能够下到村一级，且次数少；虽然目前福建省快递服务乡镇覆盖率已经达到100%，但分布不均，末端网点分布不足；农产品生产的季节性强导致了网点运营时间集中，较难保持全年获利；由于成本较高，农村物流企业设置网点的意愿较低，且主要考虑乡镇地区，自然村基本属于空白，农产品进城的物流费用仍较高；运营主体实力不足，运营主体分散、运营成本偏高和运作效率低下等问题突出。以永泰李干为例，由于农产品的特性，对物流点分布与配送速度要求较高，且能够承担的物流成本较低，但在寻求物流合作企业时，合作成本居高不下或是合作网点不符合农业加工企业预期，导致异业联盟不易达成，产业发展受限；又如南平延平百合产业对物流冷链与配送速度要求甚高，在寻求异业联盟过程中，由于配送服务成本与冷链构建不完善等原因，不易找到合适的物流企业进行合作，形成异业联盟深入发展的瓶颈。

（三）产业组织化程度低

目前能够自发参与异业联盟的基地或农户很少，主要因为大多数农户生产规模偏小，组织化程度低，很难和超市直接对接，也无法开展电子商务，还需要一个较为专业化的中介组织承上启下，“农产品卖难”现象仍然存在[4]。专业合作社仅在生产上起作用，无法解决销售上的困难，农村重产轻销的问题依然比较严重。以农超对接为例，从超市角度来看，单个农户的生产规模规模小、产量低、生产组织化和标准化程度低，难以匹配平台和消费者需求，且一般农户不作为独立法人，无法开具发票等正式票据等，在脱离中介组织的情况下，很难直接与超市有效对接。

（四）缺乏合理牵引与有效支持

异业联盟决定因素在于市场与产业本身的调节，因此乡村产业异业联盟的发展有着很强的自发性与自由度，异业联盟双方在发展与协作创新过程中，若有合理的牵引与良好的发展环境，就能触发异业联盟进入下一个发展阶段，形成更为稳固与融合的联盟状态，尤其对于大部分依靠政府扶持与政策红利为基础成长的农业经营主体而言，其异业联盟的发展后劲更加依赖于合理的牵引与有效的支持保障。但从调研的情况看，许多基层干部对乡村产业异业联盟方式的运用并不了解或了解不深，对经营主体在异业联盟的构建中所反馈的困难理解相对片面，因此无法有针对性地发挥政府的效用，从各方面各层面对异业联盟的发展形成有效的牵引与促进。同时，异业联盟需要有营销、物流、电商等方面知识，而容易接受新事物的一般为年轻人，但目前农村地区普遍缺少年轻人。

三、对策建议

乡村振兴首先是产业兴旺，随着各层面一系列相关扶持政策的出台，创新驱动、大量资金与政策红利的注入，推动整体经济与科技的进一步发展，农业农村各产业间行业间的边界限制与壁垒障碍逐渐淡化、松动，二、三产业的门类不断拓展，产业门类更加齐全，为一联二、一联三、二联三，乃至一、二、三产业协同并进与最终融合提供更为扎实的基础条件，消费形态的升级、市场层出不穷的变化，以及不断优化形成的“物流通、资金通、人员通、政策通”服务环境，为乡村产业异业联盟提供了更多切入点与创新发展的机会。

（一）加强物流体系建设，打通异业联盟关键节点瓶颈

一是加强基础设施建设。首先要加快农村道路基础设施的建设和完善，做到村村通，村镇通，进出自如。其次要投资建设现代化的农产品仓储设施，针对农产品的储存保管特性，充分引进和运用农产品加工技术、保鲜技术、冷链运输技术和农产品物流的追踪技术，提高农产品的运出流转效率，有效降低其损失率，极大限度保证其原有使用价值。二是搭建物流统一体系。以县域转运枢纽为基础，以县、乡、村三级物流节点为支撑，综合集约客运、电商、农机、微商、供销社等多种渠道，充分利用

现有成本构成和运营模式，在客运班车、电商服务站、专线落货、快递分拨之间形成综合化运营体系，并与乡村公交、电商服务站、外发快递等衔接，为实现农产品输出、工业品输入提供线上、线下的支撑平台，最后实现农产品输出或工业品输入从生产、销售到配送、追溯等“一站式”服务，从而加快农村市场的流转速度。还要根据农村市场的特殊性，通过有效整合货物、仓储、运输等资源来打造农村物流骨干网络。三是共享物流网络。共享资源可以解决农产品分散的物流问题，如打通快递之间的壁垒，或与邮政等合作，农产品上行“第一千米”实现共配，努力扩大农村物流网络的覆盖密度。

（二）政府引导构建，促进异业联盟新业态发展

由于异业联盟具有“自下而上”的发展特点，应重视政府在异业联盟发展中尤其是走向成熟期的过程中强大的推动作用，实行政府引导、企业主体、多方协作的运营机制，构建异业联盟发展体系，促进异业联盟新业态发展。特别是目前“互联网+”通过技术渗透、功能拓展与资源整合三个层面内生促进农业电子商务、智慧农业、农业个性化定制等新业态，从而通过产业技术创新、人力资本积累、新旧动能转换重塑农村产业活力。一是优化创业创新环境。结合国家“互联网+”现代农业三年行动计划方案与农村产业融合试点方案，规划建设一批孵化基地、实训基地等创新创业载体，为异业联盟新业态提供管理指导、技能培训、市场开拓、标准咨询、检验检测认证等服务[5]。建立和引导“农村淘宝”“休闲农业电商”“农业众筹”“农产品个性化定制服务”新业态发展，扶持“互联网+”现代农业联盟创新型中小企业成长。二是创建公益性大宗农产品生产+销售对接体系。以农产品产销对接为导向，建立包括全国全省范围内批发市场、田头市场产销信息的发布、农产品价格行情分析的价格实时监测与预警体系；以技术推广为基础，建立农业技术推广、农民实用技术培训的农业技术推广体系，拓展到农机耕作、农产品运输、冷库资源、土地流转、农产品包装、分拣分级与农村金融等信息对接与异业联盟；以市场化为导向，发展基于农业专业合作社的B2B模式产销对接，建立“基地联产、平台对接、集中配供、配送到店”的农产品联产联销模式，推动中高档农产

品的产销衔接。三是构建农业+旅游业电商体系。以休闲观光+特色农产品及农产品精深加工电商为重点，立足农业产业内部异业联盟以及城市网点资源的跨界合作，如将休闲观光与特色农产品购物进行整合，利用“互联网+”和物联网技术开通直播+VR，以“休闲农庄+休闲游购APP+农业企业”为纽带，将休闲农庄及城市网点作为农产品展示展销的线下载体，实现平台内企业与农庄产品销售点的跨界融合。

（三）灵活配套政策，加强对异业联盟的支撑保障

农村产业发展到一定体量时，对农业+信息技术产业、节能环保产业、数字创意产业以及电商、物流等关键节点方面的异业联盟需求会变得更加凸显，应调整政策配套结构，不仅鼓励发展新兴产业，还要加大在“农业+”新兴产业的支撑保障中，对选择探索尝试“农业+”的这类农业经营主体，进行相应的政策红利支撑与政府公权力的适当引导与支持，促使这类农业经营主体在与信息技术产业、电商、物流等目前最为重要的关键环节的异业联盟合作中，能够有更强有力的后盾与资本建立更加良好与健康的“农业+”异业联盟机制。一是加强对农产品品牌建设和营销推介的支持力度。鼓励农产品流通方式和销售模式创新，支持农产品产地直销、农超对接、农企对接、农校对接等方式。二是扩大农村产业发展的财政补贴范围。如将农村电子商务智能终端设备、农产品储藏设备和休闲农业设施改造等纳入财政补贴目录，鼓励农业多功能发展。三是探索政府与社会资本合作支持农村产业异业联盟的方式。比如设立农村产业融合发展企业债券专项，会同金融机构开发定制式的金融产品，支持地方设立产业投资基金，努力破解农村金融主体融资难、融资贵的难题。四是创新改革农村产权流转机制。引导集体组织、经济能人、龙头企业、市场等带动互换、转让、入股等土地流转方式，引导农村产权有序流转交易，鼓励农村产业异业联盟主体盘活农村闲置的宅基地和农房资源。

（四）培育复合型产业人才，提升产业组织化和管理水平

规模化生产是农村产业异业联盟的基础。以农户或者合作社为主体进行异业联盟，能够使农户的直接收入与利益联结机制更加紧密，能够直接

提高农户的收入，提高农户对产业发展的话语权。一是培育异业联盟带头人才。吸引具有开放思维和多产业经营经验的乡村人才回乡创业，发展地方特色产业的规模化联合经营、集约化加工、组织化运销，促进农业与其他产业的融合。积极招揽、培养人才，鼓励大学生或引导返乡创业，给他们创业项目相应的支持；对拥有打造地方特色产业能力的农户引导联合规模化生产，集约化加工，提高农民生产和运销的组织化程度，提升农产品生产和产后处理标准化水平，使农民具有异业联盟的基础，通过农业组织化方式实现农业与第二、三产业的联盟。二是培育合作社的农产品加工和运销功能。进一步壮大优质合作社，以社会化农业生产服务供给为基础，培育加工和运销功能，为乡村产业异业联盟打下坚实的基础。合作社作为农户联结主体通过提供社会化服务克服家庭经营的制度缺陷，推动农户农业生产经营方式变革，促进产业区域性集聚，实现农业提质增效，通过延伸产业链深化农业发展，获得更大的经济利益。三是着重培养“一懂两爱”综合型村干部队伍。年轻村干部自身素质相对较高，学习接受能力较强，有助于把村集体打造成提升农产品产销能力、异业联盟的重要经营组织。四是加强对从业人员的专业培训。与一些专业的教育机构合作，对农村从事营销、电商、物流作业的相关人员进行专业知识的培训；也可以通过做宣传，给农民或相关人员普及一些异业联盟知识，提高他们的总体专业素养，满足农村的人才需求。

参考文献

[1] 胡建英. 饭店业异业联盟发展动因与模式研究［J］.财经界，2010（1）：60-61.

[2] 肖云培，林宏伟，汪占敖. 异业联盟现状、问题及对策分析——以温州诺兰异业联盟奶咖为例［J］.北方经贸，2017（11）：43-45.

[3] 王曲舒. 异业联盟组合构建对创新绩效的影响：理论与实证［D］.江西财经大学，2019.

[4] 严继超，李华，王晓青. 我国“农超对接”典型模式研究［J］.北方园艺，2019（2）：202-207.

[5] 李瑾，冯献，马晨，等.“互联网+”农业：产业融合机理、困境与出路［J］.山西农业大学学报（社会科学版），2018，17（12）：53-59.

第十三章

闽东乡村产业业态创新

闽东山海交融，自然景观奇秀，文化积淀深厚。习近平总书记曾把闽东的锦绣河山和灿烂文化形象地概括为“闽东之光”，并倡导“把闽东之光传播开去”。

一、发展现状

近年来闽东人民发扬滴水穿石、弱鸟先飞的精神，弘扬“闽东之光”，通过开发特色优势资源，带动乡村产业融合发展，已形成以点带面、全面提升的良好态势，催生了一批乡村旅游、电子商务和冷链物流、智慧农业和农产品加工等新业态，乡村发展活力充分激发，走出了一条具有闽东特色的乡村产业振兴之路。

（一）乡村旅游如火如荼

寿宁县下党乡推动红色旅游与干部教育培训融合发展，扶持引导一批经营餐饮、美食茶点、工艺品、伴手礼等旅游新业态主体，培育了“下乡的味道”一条街、特色民宿、特色文创商品等体验式业态，发展农家乐、民宿，吸引了青年人返乡创业，当地已嬗变为商铺云集、游人如织的“中国乡村旅游示范村”。2020年，全乡农民人均可支配收入达到17 289元，是30年前的90多倍，10个行政村村集体经济收入均达10万元以上[1]。

屏南县“艺术家+农民+党委政府+古村+互联网”的村落文创模式，

有力助推了当地产业振兴。同时，通过文创引领乡村振兴，吸引专家团队，复旦大学、中央美术学院等院校在屏南设立教学基地；完成双溪、棠口、龙潭、四坪、漈下、厦地等古村老屋修缮改造200多幢，颓废老屋破茧新生，化为书吧、咖啡屋、民宿、音乐厅、美术馆等文旅空间，一批驻村创业者纷至沓来；“人人都是艺术家”公益艺术教学品牌吸引国内外艺术爱好者前来屏南学习、体验达2万多人，短则几天，长则数月。此外，屏南还深入挖掘策划双溪元宵灯会节、龙潭戏曲文化节、北墘冬至黄酒文化节等特色民俗活动，宣扬当地历史、人文、环境、民俗等品牌，营造“季季有主题、月月有活动、处处有精彩”乡村文化氛围，民俗重焕光彩，一批古村落呈现出由里及外的复兴之态，乡村喜现“人来了、村活了、业兴了”的良好局面（图13–1）。

图13–1　屏南的文创乡村

霞浦县滩涂风光旖旎，2012年被《数码摄影》杂志列为“中国最值得拍摄的80个绝美之地”之一，并成为22大摄影胜地之一被重点推荐。旅游带动着摄影，摄影推动着旅游，两者相辅相成，彼此成就，走出了一条独具特色的“旅游+摄影”深度融合，引领霞浦经济繁荣、助推乡村振兴的路子。目前全县共有各类乡村民宿（客栈）400多家，房间数近6 000间，精品民宿近50家，房间数近700间，年接待游客量达50多万人次，年营业额近2亿元，直接带动就业近2万人。2019年11月，霞浦民宿发展模式被宁德市列为全市优秀创新工作机制案列。2020年霞浦县获评“2020中国最值得投资民宿区域”和“2020中国秋季休闲百佳县”。3家民宿入选2019年度福建民宿品牌，拾间海民宿更是喜获“中国最具个性品牌民宿”称号，荣获“博鳌国际民宿产业发展论坛2020中国民宿打卡必去点”“中国最佳民宿品牌”。霞浦县通过“旅游+摄影”深度融合，引领霞浦经济繁荣、助推乡村振兴（图13–2）。

图13–2　吸引摄影人的霞浦滩涂

福鼎白茶连续12年进入“中国茶叶区域公用品牌价值十强”，综合产值突破百亿元。以茶为媒、茶旅融合，已成为福鼎市乡村旅游发展的一抹亮色，茶叶采摘、加工、茶艺表演和旅游购物为一体的特色茶庄园旅游、生态观光游和休闲体验游，正成为福鼎悄然兴起的茶旅新业态[2]（图13–3）。

此外，各地还开展各种农产品节庆活动，如中国农民丰收节、桃花节、葡萄采摘节、白茶开茶节等，促进农产品线上线下销售，带动乡村产业发展。

图13-3　福鼎白琳老街与茶行

（二）电子商务和冷链物流风生水起

福安葡萄全产业链产值18亿元，其产量和面积分别占福建省的60%以上，成为我国东南沿海面积最大、规模连片、生产规范的葡萄生产基地，并辐射带动了相关物流产业的发展。2016年7月，果之道联手顺丰，在福安象环村开通国内首条巨峰葡萄冷运专线。目前已开通11条冷运专线，日处理订单能力达万箱，实现省内12小时配送到达、省外30小时到达，且新增北京、天津、大连、青岛等13个城市的航空专线，实现产地直发、当天送达。现在果农可以24小时在线通过智能手机或电脑在果之道物流系统下单，物流公司上门取件、冷藏专线运送，直抵客户手中。购置的农产品冷链物流车110多辆，补齐了福安葡萄产业的发展短板，实现了一家一户的小果农对接大市场的局面[3]（图13–4）。

图13-4　福安葡萄生产基地与冷链物流

古田县在2020年新冠疫情期间，用“互联网+”赋能营销，有几十家菌菇基地参加“直播带货”营销模式培训，使不少食用菌产品成了热销“网红”，有些网红每天直播带货4小时，有的网上单个直播视频浏览量甚至高达102万次，这些全新的营销方式，推动了古田食用菌产业的大发展。现在企业实现直播带货常态化，线上销量呈稳步上升趋势，有效地打通了销售新渠道，解决企业部分产品滞销问题，直播带货取得了显著的成效。目前古田县已有电商企业412家，电商店铺2 743家。2020年1—9月，古田县网络零售额累计9.13亿元，同比增长6.3%[4]。

屏南县龙潭村十几名网红操作的短视频和直播在抖音的宁德市风景名胜热门榜上长期占据排行榜第一名，大大提高了龙潭村的知名度。长桥镇网红主播通过直播帮助农户销售茶树菇等食用菌，直播12天销售4 000多单共计4吨茶树菇等食用菌，销售金额近50万元。

（三）智慧农业方兴未艾

2020年8月，全国首个5G智慧茶园示范点落户福安坦洋，利用5G、物联网、大数据、云服务等核心技术，建立了环境智能监测及识别系统、智能灌溉系统、可视化视频监控系统、病虫害监控管理系统等八大系统，实现了园区虫情信息自动采集和实时监测，植保信息的动态定位采集、数据自动上报、实时更新及可视化显示（图13-5）。

图13-5　福安坦洋的智慧茶园

2021年3月，周宁县玛坑乡运用无人机在生态茶园上喷洒生物农药。无人机喷洒均匀，不重喷，也不漏喷，可以节约20%的农药用量，减少对环境的污染，而且成本和人工相比更便宜。

古田银耳生产采用智能综合监控系统，自动监测并调节菇房的温度、湿度、二氧化碳含量，银耳始终处于最佳生长环境，实现全年全天候生产。

（四）农产品加工水平不断提升

借助冻干食品、生物制剂、功能食品、休闲食品等加工技术，农产品得到多元化开发、多层次利用、多环节增值。

福安引进了全省首条果醋生产线，建立小型葡萄和水蜜桃酒厂3座，年加工葡萄酒300多吨；已建成葡萄酵素生产线1条，年加工葡萄酵素120多吨；已建成葡萄蜜饯生产线1条，年生产蜜饯300多吨；建成年加工150吨葡萄籽油加工厂1座。葡萄系列产品，包括葡萄果醋、葡萄酒、葡萄酵素、葡萄蜜饯、葡萄籽油、葡萄含片等（图13-6）。

图13-6　福安葡萄系列产品

古田食用菌深加工产品有冻干银耳羹、银耳清露、银耳馅饼、银耳曲奇、FD冻干银耳茶、现炖银耳、银耳面膜、银耳手工皂、猴头菇粉、食用菌调味料、山珍菌汤煲等近百种[5]。

目前柘荣成功开发出以太子参为原料的系列产品，如复方太子参颗粒、太子参毒抗素、太子参饮片、太子参保健茶等，利用太子参根须成功研制出动物保健品，基本形成了从药品、保健食品到饮料、家庭药膳，从原料、片剂到胶囊、口服液的多元化、多层次的产业链条，加快了产业化发展进程。

二、主要问题

（一）当地特色与文化资源挖掘利用不足

乡村旅游同质性较强，采摘、农家乐、文艺表演等仍为主要方式，大多停留在观光休闲的初级阶段，对地域特色与文化资源重视不够、研究阐释不深入、讲故事能力不强，乡村文化内涵得不到充分挖掘，造成开发利用程度不高、成效不明显。如白琳镇是福鼎茶叶贸易发祥地、白琳工夫红茶发源地、新工艺白茶诞生地，白琳老街和翠郊古民居有很多茶故事，但这些故事目前仍鲜为人知；霞浦滩涂摄影旅游享有一定的知名度，但摄影文化内涵挖掘不足，由霞浦县策划组织的关于滩涂摄影的展览、论坛、讲座、研讨等各种推动滩涂摄影活动开展不多；屏南的传统村落开发中，具有当地特色的甘宝国、四平戏、龙潭酒等元素的挖掘利用刚刚起步；周宁是避暑胜地，日出、云海、星空等自然景观让游客趋之若鹜，但特色资源挖掘不足，由当地策划组织的活动开展不多，知名度还不高；福安的南国葡萄博物馆仅展示当地葡萄发展史及取得的成效，尚未涉及葡萄文化，吸引力不足。有些地方文创乡村过度开发，把乡村建成各种娱乐场所。闽东生态资源好，但目前生态资源挖掘利用不足，生态教育还不多见。

（二）部分环节管理不够规范

民宿作为乡村旅游业新生事物，在管理、监督、配套等方面还没有相应的政策体系，未从法律和顶层设计层面明确民宿的行业主管部门和日常管理部门，在卫生、环境、规划建设、治安、消防等方面都缺少监督和管理。对民宿的界定也存在模棱两可，注册营业执照现已简化，甚至通过网络就可以直接申报审批营业执照，大多住宿行业都偏向于注册准入门槛低的带“民宿”的执照，造成大多住宿行业混入民宿行业，监管单位不明确，第三方鉴定无审查情况。目前有些地方甚至出现民宿一窝蜂上的现象，大多是经营者随意改造几间民房，就以民宿名义对外经营，整体经营服务水平低下。

国家地理标志产品品牌建设和管理不够规范，容易造成农产品无序竞争的状况。如福鼎白茶效益好，但各乡镇各茶企都在宣传推销各自的茶旅项目与产品，同质性严重；古田的银耳产业也有类似现象存在；“下乡的味道”还未申请地理标志产品品牌。

（三）新业态人才短缺

多数农业经营主体和农业农村部门干部对5G、物联网、大数据、云服务等新兴技术的认识和应用程度有限，存在业务不精、技术应用不熟等问题。农村电商人才的缺口随着电商快速布局、调整增长的同时也在不断增长。民宿管理人员的职业化和服务水平相对较低，法律意识、安全意识、管理能力相对薄弱。服务人员大多是本地村民，文化水平普遍不高，存在管家难招聘、服务质量差等问题。在人才引培方面，缺乏完善的引才留才政策，难以引导在外乡贤、乡亲、高校毕业生回归创业就业，人才数量和结构失衡。

（四）农产品精深加工短板依然存在

目前闽东农产品加工企业规模小，大都是劳动密集型企业，效益低，科技含量低，大多是一些初级加工产品，附加值不高，抗市场风险能力弱。在农产品加工技术和装备方面，仍缺乏梯次加工技术，对农产品的利用不足，加工深度不够，加工转化和增值率较低，如尚未开发茶叶精深加工产品。

三、对策建议

（一）充分挖掘利用特色与文化资源

休闲农业和乡村旅游不仅是吃住玩乐的产业，更是文化传承、生态涵养、农业科普的重要载体，要对特色与文化资源进行深层次挖掘，创新性开发创意农产品及休闲活动，打造高层次、精品化的乡村旅游项目内容，促使休闲农业和乡村旅游可持续创新发展。

一是挖掘产业文化，打造农旅一体化品牌。闽东茶业历史悠久、文化底蕴深厚，应以观光茶业、茶船水道、茶镇茶市为平台，实现茶旅融合发展，定期举办闽东茶文化交流活动，邀请著名学者、企业精英、茶艺专家、国际友人交流茶文化；建设福鼎茶博物馆、坦洋工夫茶博物馆，开展群众性茶文化活动，开展茶文化系列讲座。葡萄产业和水蜜桃产业基础好，应进一步挖掘葡萄文化和水蜜桃文化，如葡萄和水蜜桃的品种、种植历史与技术、营养价值与保健功能、经典传颂（诗、词、歌、曲）、名人字画、美食等。

二是充分挖掘利用历史民俗文化。民宿经营者应当注重发掘乡村民宿在文化传承方面的价值，将当地传统文化、饮食文化、民俗文化、乡贤文化、历史文化、非遗文化等多种多类文化加以提炼融合。霞浦乡村旅游还可以进一步挖掘利用当地的历史文化遗存，如佛教文化、妈祖文化、渔耕文化、畲族文化、盆景文化、红色文化以及民俗文化等，将这些具有鲜明特色的地缘文化与摄影文化充分结合起来，形成一个以摄影为主题的多层次、多单元的系列摄影文化组合。

三是利用地域与生态资源，开展生态教育，提高乡村旅游知名度。闽东好山好水，可作为中小学生生态教育的户外教室和科普基地，通过小体验扩大视野，增长生态保育知识。如利用周宁的日出、云海、星空资源，打造成特色的摄影基地，扩大影响力，吸引更多游客；还可利用其高海拔避暑资源，建成亚高原骑行和房车基地。

（二）培养复合型人才

一是继续结合高素质农民、益农信息社信息员、返乡创业创新人员、农村实用技术、农民手机应用技能、电商孵化班、“短视频+直播”培训等各类培训班，整合人社、妇联、团委、科技、工信、农业、文旅等部门的培训资源，加大互联网、物联网、电子商务、智慧农业等公益培训力度，努力提高农业农村从业者特别是新型农业经营主体的科技素质，为发展农业农村物联网提供人才和人力资源保障。

二是突出网商孵化和人才培养。培育电商网商，着力提升其产品线上销售策划、设计、包装、宣传推介能力，推动企业上线，扩大应用范围，增加网上销售额，带动县域特色产业发展。开展电子商务进农村系列培训，重点加大对返乡创业人员、企业实操人员等各类人员电子商务管理、操作技能培训力度，普及电商知识，提高技能应用水平。

三是进一步促进驻村第一书记和科技特派员的引领作用。继续完善、巩固驻村第一书记和科特派制度，推动广大驻村第一书记和科特派员发挥党的“三农”政策宣传队、农业科技传播者、科技创新创业领头羊、乡村脱贫致富带头人作用，大力推进乡村产业创新驱动，走出具有闽东特色的高质量发展之路。

（三）顶层设计，规范管理

1. 顶层设计，规划先行

加强顶层设计，结合各地经济基础、发展现状、区位条件、资源禀赋，顺应区域发展规律和演变趋势，并注重将顶层设计与问计于民结合起来，分类、有序推进改造提升，打造各具特色的闽东现代版“清明上河图”或“富春山居图”，并坚持“多规合一”“一张蓝图画到底”，统筹基础设施、公共服务、基本农田、生态保护、城镇开发、村落分布等空间布局，强化县域综合服务能力，把乡镇建设成为服务农民的区域中心，实现县乡村功能衔接互补。具体来说，对城市近郊区以及县城城关镇所在地的村庄，要加快城乡产业融合发展、基础设施互联互通、公共服务共建共享，推动城乡一体化。对历史文化名村、传统村落、少数民族特色村寨、特色景观旅游名村等自然历史文化特色资源丰富的村庄，要更加注重保护历史文化资源和传统建筑，吸引游客观光，带动农民就业增收。对位于山区或交通、生存条件恶劣、生态环境脆弱等村庄，要严格限制新建、扩建活动。

2. 规范民宿管理

一是成立乡村民宿发展协调小组。制定出台地方《扶持乡村民宿发展实施意见》和《民宿管理暂行规定》，对民宿选址、经营用房、卫生要求、经营规范等进行明确规定。组织相关业务人员，对当地民宿进行安全检查和民宿管理暂行规定政策宣传工作，以民宿地方标准规范引导全县民宿科学化发展与优质化经营。二是成立民宿行业协会。在完善自我管理的基础上发挥协调带动作用，实行民宿价格备案制度，加强对民宿经营业者的管理和培训，既要重视他们专业服务能力的培养，还要提高他们的回应速度以及紧急处理能力，加强技能培训和情感服务培训，构建和谐主客关系。

3. 规范农产品品牌管理

全面推进农业品牌发展战略，规范各市县知名农产品品牌认定和管理。一是鼓励各市县出台区域特色农产品品牌建设扶持方案。对辖区内生产的种植业、渔业、林业、畜牧业类的食用农产品及初级加工农产品品牌，包括知名农产品区域公用品牌和知名农产品品牌，开展申请、认定、授权等相关品牌创建活动。二是强化地理标志产品品牌建设。通过地方政府引导，以行业协会和龙头企业为主要参与者，统一注册商标，制定地理标志产品商标使用管理办法，规范引导农户使用地理标志产品品牌，实现品牌推广合力，减少无序竞争。

（四）政策引导与扶持

一是深化产学研对接合作，进一步加强科技支撑。充分利用农业科研单位和涉农院校的科研技术力量，为农业物联网产品系统集成、大规模应用提供技术支撑，加快新技术、新成果在农业生产领域的应用。重点攻关农产品的精深加工技术、副产物综合利用技术、农产品自动化采收贮运、绿色保鲜、在线分级分选、产地初加工、全组分梯次利用、传统工艺再造、功能因子稳态化等农产品现代化加工保障共性关键技术，为研发新产品、创造新需求、开拓新市场提供更多技术支持。对药用资源实施生物医药培优计划，培优扶强生物医药龙头企业，加强上下游产业配套，推动生物医药产业规模化、集聚化发展。

二是强化平台建设。搭建多功能、多业态的电子商务服务平台，形成集产品展示、仓储物流、人才培训、技术交流、创业融资、商务办公、生活配套等服务为一体的网商群体生态链和电子商务产业链。培育当地电商龙头企业，深化与知名电商企业及平台的多元合作，利用知名电商平台优势，适时举办电商活动，打造“网红”和爆款产品，带动本地产品提高质量、壮大规模。

三是引导扶持多元主体共同参与。以乡情乡愁为纽带，吸引社会各方面人才，通过下乡担任志愿者、投资兴业、包村承包项目、行医办学、捐资捐物、法律服务等方式服务乡村产业振兴。建立健全土地流转机制，充分保障农民的土地承包经营使用权，在尊重农民意愿的前提下，开展以促进乡村发展为目标的土地流转和集约化生产。

参考文献

[1] 丁南. 福建寿宁：乡村振兴，下党向上［N］.中国改革报，2021-04-08.

[2] 佚名. “爱在太姥茶香福鼎”［N］.闽东日报，2021-05-21.

[3] 李广. 从0到18亿元，福安葡萄产业异军突起［J］.中国老区建设，2019（11）：28-29.

[4] 林侃. 电商助力，古田银耳更旺销［EB/OL］.https：//baijiahao.baidu.com/s?id=1683202668748371435（2020-11-13）.

[5] 牛震，郑晶晶. 小银耳为小农户撑起致富伞——福建古田县食用菌产业发展纪实［J］.农村工作通讯，2021（18）：61-63.

第十四章

福州市乡村产业业态创新案例分析

产业融合是推动乡村产业业态创新的首选路径，为了了解福州市乡村产业业态创新情况，我们走访了13家福州市农村产业融合发展示范点，并对它们的现状与存在问题进行分析和总结。

一、选取案例的现状

（一）龙头企业占比

调研的13个示范点中，有8家是龙头企业，占61.5%，龙头企业占一大半。

（二）产业分布

13个示范点中，有3个点是茶叶生产，3个点是水果种植生产，3个点是蔬菜生产，1个点是绿化苗木生产，1个点是水产品生产，1个点是食用菌生产，1个点是综合性种植养殖。

（三）产业融合现状

茶园观光性很强，可开发的产品也较多，故13个示范点中有3个茶叶企业。但目前真正做到三产融合的只有福建春伦茶业集团有限公司，它对茶叶以及茶叶加工废弃物进行综合开发利用，生产速溶茶粉、茶含片等相关茶产品，以及星座茶、速溶茶、茉莉精油系列护肤品等。还通过创意产业的植入，创建国家AAA旅游景区——茉莉花茶文创园，申报福建省中小学生质量教育基地、福建省商务外援基地和福州市委党校课外教学基地，建立茉莉花茶博物馆，把花园、茶园、独具特色的福州茉莉花茶生产工艺、茉莉花茶茶艺表演结合起来，每年举办新茶开采节、茉莉花节，吸引了大量的游客，带动了当地农业休闲旅游产业发展。另两个茶叶企业仅有茶叶生产，精深加工和观光休闲还在规划或建设中。

蔬菜产业目前可开发的第三产业基本上都是采摘体验，3个蔬菜种植企业均无加工产业，第三产业都是观光体验，三者仅是种植方式、品种、体验方式有所不同。

水果产业目前可开发的第三产业基本上都是采摘体验，3个水果种植企业第三产业都是观光体验，三者也仅是种植方式、品种、体验方式有所不同，其中只有琅岐万叶葡萄园生产葡萄酒，还举办了5届福州琅岐葡萄节。

以种植苗木为主的盛世阳光农业发展有限公司成立了阡陌盛世休闲农庄，拓展农业生态、休闲观光等功能，做到了农业和乡村旅游的融合发展。除了立体花海外，还开展了四季瓜果采摘、垂钓、野果采摘、太空南瓜观赏、大锅灶野炊、DIY空间、摸泥鳅、水上乐园、真人CS野战、农耕体验等多项活动项目，并增加了制作麦芽糖、糍粑和水磨豆腐等当地农村乡土风情元素。2017年6月举办风车节、油伞节，日接待量最高达1.2万人次，2017年全年接待游客量达10万人次，休闲创收达1 500万元，直接拉动就业人员100人以上，并可带动相关的种植、养殖、餐饮、住宿等行业的发展。

以食用菌生产为主的福州惠生食用菌有限公司栽培金针菇、蛹虫草、牛樟芝，其产品有牛樟芝、北虫草等名贵真菌类干制品和粉剂制品，以及牛樟芝滴丸、牛樟芝酵素、牛樟芝岩茶、牛樟芝口喷、鼻喷等系列产品。通过微信公众平台建立微商城，组建微商团队，拓展销售渠道；还建立了“惠生大众联盟”会员营销系统，通过低价折扣、分享奖励等营销方式，实现厂家与消费者零距离对接。

综合性种植养殖的点是福建三华农业有限公司，是国家级农业产业化龙头企业，一产主要是种植和鳗鱼养殖，二产是烤鳗加工，三产有采摘观光园、餐饮娱乐、科教基地，该示范点较好地推进了一二三产业融合（表14-1）。

表14-1　13个示范点一二三产业情况

企业名称	规模	一产	二产	三产
福建三华农业有限公司	农产品种植基地2 280亩、水产养殖基地2 100亩	种植、水产养殖	烤鳗加工	采摘观光园、餐饮娱乐、科教基地
福州惠生食用菌有限公司	注册资金1 200万元，占地面积约50亩	食用菌栽培	食用菌精深加工	通过微信公众平台建立微商城，建立“惠生大众联盟”会员营销系统
福州永合有机农业开发有限公司	拥有300亩自动喷灌种植区，新建温室大棚20亩，新建冻库1 000平方米	蔬菜种植		采摘观光园、餐饮娱乐（永合生态农庄）
福建春伦茶业集团有限公司	生态茶园基地4.2万亩，茉莉花园7 000亩	生态茶园、茉莉花园	对夏暑鲜茶叶以及茶叶加工废弃物进行综合开发利用	茉莉花茶文创园
罗源生春源茶业有限责任公司	注册资金1 000万元，占地面积50.52亩	生态茶园		
福州日兴水产食品有限公司	4 500亩鲍鱼、海参养殖基地	鲍鱼、海参养殖	鲍鱼、海参加工	
琅岐万叶葡萄园	占地68亩，注册资金50万元，目前已投入500万元	葡萄种植	每年加工葡萄酒约5吨，产值约30万元左右	葡萄品种展示厅、观光采摘廊、举办了5届福州琅岐葡萄节
琅岐榕升休闲农庄	占地130亩，水果70～80亩	水果种植（以芭乐、火龙果为主）		采摘休闲观光

（续）

企业名称	规模	一产	二产	三产
盛世阳光农业发展有限公司	流转土地1 700亩（其中山地500亩），以苗木种植为主	绿化苗木生产		阡陌盛世休闲农庄（四季瓜果采摘、垂钓、野果采摘、太空南瓜观赏、大锅灶野炊、DIY空间、摸泥鳅、水上乐园、真人CS野战、农耕体验等多项活动项目）
长乐雪美农业开发有限公司	蔬菜种植基地3 500亩（果蔬休闲农业设施栽培示范基地380亩）	蔬菜种植基地3 500亩		果蔬休闲农业设施栽培示范基地380亩、休闲农业产业观光园区
长乐飞思农庄	占地710亩	蔬菜种植		观光体验，“互联网+”形式销售
农友之家果蔬专业合作社	占地2 000亩	李梅种植		鲜食李采摘、观光亭及果园休息室
福建省麒麟山茶业发展有限公司	占地4 300亩，注册资金1 016万元	茶叶种植		

二、主要问题

（一）龙头企业主导型的案例较多

目前福州市所辖区域内调查的农村产业融合示范点当中，合作社和农村能人主导的产业融合案例较少，大多是国家、省、市级龙头企业在原来基础上的延伸和升级。在休闲观光领域起步较晚，仍处于投资建设阶段，目前以茶园等自然景观、历史文化、蔬菜采摘、简单的DIY、垂钓和饮食消费为主。

（二）农业产业化组织规模小、创新能力差

农业产业化组织规模小、创新能力差，加工产品有待进一步升级。目

前福州市农村产业融合主要由龙头企业带动发展，龙头企业的效益主要来源于第二产业，但多数企业仍然处于价值链低端、经营领域跨入门槛低，容易被模仿，缺乏竞争力，难以打入高端产品市场，难以获得更高价值链。究其根源在于创新能力弱，加工技术水平低等。

（三）缺乏对当地农户的辐射及带头作用

从福州市农村产业融合的发展来看，对农户的带动作用主要体现在订单收购和雇工上，农户与产业融合部门利益联结并不紧密，并不能真正享受农产品加工带来的利润。

（四）缺乏懂技术、懂管理的人才

目前农村产业融合推进时间短但发展迅速，相关人才培养、技术培训体系未能及时跟进，导致人才供给不足，尤其是领军型人才短缺。再者，农业投资周转周期长，风险大，需要具有懂技术善管理有资金有魄力的能人来带头，人才短缺是当前农村产业融合升级面临的瓶颈之一。少数企业像飞思农庄等其经营理念先进、市场前景看好，但前期投资较大，资金占用时间长，见效慢。盛世阳光具有雄厚的技术和资金支撑，先进的经验理念，团队能力较强，是福州市农村一二三产业融合的典型事例。

（五）缺乏市场竞争力

标准化、品牌化建设仍处于起步阶段，缺乏市场竞争力。茶叶是福建省特色的农产品之一，很早就开始实施品牌战略，但由于农产品生产标准化实施较晚，品牌化市场鱼目混珠，市场监管力度不足等原因，几乎每个龙头企业都有自己的包装，但很难区分各自的特色，缺乏市场竞争力。

（六）资金困难

相关资金补助很难落实、出现“给钱，但不好用”的现象，结果导致“给钱，不想要”的消极状态。另外存在贷款难的问题。近年来，国家在推进农业、农村产业融合方面加大力度，层层抓落实，国家财政也拿出大量资金希望支持和扶持农村产业融合示范点，但由于资金监管方法、方式和手段与实际落实上存在较大差距，出现补助资金“使用难、不好用、不想用”的现象。另外，普遍存在贷款难、利息高的问题。

（七）土地流转机制不完善

土地流转机制不完善，限制了产业融合发展中第一产业的规模化发展。目前从事农业生产的土地基本上都是在第二轮承包期流转过来的，一旦承包期满，土地的流动性就很难确定，势必影响农村产业融合主体的长远规划和投资。

三、对策建议

（一）积极培育乡村能人和合作社进行业态创新的能力

由于龙头企业属于企业，企业是以追求利益最大化为目标的，必然导致加工利润归企业所有，其与农户的联结机制比较松散，为确保企业加工原料的供应，更多的是与农户签订收购合同，少数提供技术指导。如果农户或者合作社进行产业融合，对农户的直接收入或者利益联结机制比较紧密，可以直接提高农户的收入，提高农户对产业融合的话语权。对有地方特色产业的农户可以联合起来进行规模化生产，集约化加工，通过合作的方式实行一二三产业的融合，享受产业融合带来的增值[1]。

（二）鼓励发展当地特色产业，形成村庄产业集群

当地特色产业需要广大农户的参与能力，如果入驻企业全部代替农民进行生产，年轻劳动力势必外流，从而造成农村空心化，产业融合发展所需要的懂技术人才将会大量缺失，没有产业的乡村留不住年轻人[2]。

（三）规范产业融合主体的评判标准

提出合理化可实行的政策指导意见，切实落实相关农业补助政策，积极推动产业融合的发展。目前国家大力支持产业融合，但对什么样的产业融合主体实行补助并没有明确的标准，对产业融合如何进行评价，目前还

处于摸索阶段，产业补助的资金存在落实难的问题。建议提出对产业融合示范主体的评判标准，切实有效地落实农业补助政策，并制定对产业融合主体补助后的监管和时限。同时有效解决贷款难、利息高的问题，切实减少农业产业融合的负担。

（四）加强乡村产业的信息化、食品安全和品牌化建设

积极推进农产品电子商务，但在食品安全和品牌化建设上还很薄弱，市场并不完善。十九大报告指出，当前我国社会主要矛盾已经转化为人民日益增长的美好生活需要和不平衡不充分的发展之间的矛盾。因此应该按照消费者的需要进行生产，加强食品安全监管力度，完善从农田到餐桌的全产业链安全追溯体系，做大做强农产品的品牌[3]。

（五）完善土地流转机制

完善土地流转机制，促进产业融合发展的农业规模化进程。当前各地正在实施土地确权，但是土地确权之后存在一个主要问题是，村委会对村民土地的管理职能更加弱化了，今后如何对土地流转机制进行创新改革，推动农业的规模化发展，有力推进规模化投资的持续性和长远计划，是当前必须破解的问题之一[4]。

参考文献

[1] 卢燕. 新农村建设与三次产业融合互动问题研究——以河南省为例［J］.中国农业资源与区划，2015，36（7）：113-116.

[2] 袁中金. 中国小城镇发展战略研究［D］.上海：华东师范大学，2006.

[3] 平静. 建瓯市农村产业融合进程中的农业信息化研究［D］.福州：福建农林大学，2017.

[4] 刘德娟，周琼，曾玉荣. 我国种植业家庭农场发展案例研究［J］.经济纵横，2016（2）：78-83.

第十五章

建宁县乡村产业业态创新案例分析

推进农村一二三产业融合发展是建设现代农业产业体系、生产体系、经营体系的必然要求，也是促进农民增收的重要支撑，还是乡村产业业态创新的首要路径。本研究于2019年选取建宁县农村产业融合发展相对较好的经营主体作为案例，分析其产业融合发展过程中存在的问题与启示，并提出促进乡村产业业态创新的对策建议。

一、发展现状

建宁地处闽江源头，是国家级生态示范区和省生态农业示范县、南方重点林区县、国家级杂交水稻种子生产基地县，是福建省特色农业县，素有“中国建莲之乡”“中国黄花梨之乡”“中国无患子之乡”的美誉，2016年被列入国家农村产业融合发展多业态复合型试点示范县。2020年全县农林牧渔业总产值达到34.09亿元。莲子、果子、种子、无患子、吊瓜子、竹笋、食用菌、畜牧等特色农业形成基地化、规模化发展，布局逐步优化。入选全国农业社会化服务创新试点县、全国农业绿色发展先行区创建名单，制种大县建设工作列入全国种业基地建设案例，种业机械化经验做法入选农业农村部典型案例，央视两度走进该县报道种业做法。通心白莲列入全国第一批地理标志运用促进重点联系指导名录，溪源明笋加工工艺获评省级非物质文化遗产、荣获福建十大农产品区域公用品牌，里心镇入选全省首批产业强镇。

建莲是建宁县的传统名产，在我国“建莲”“赣莲”“湘莲”三大莲子品种中被誉为“莲中极品”。2015年全县建莲面积、产量和产值分别为4.5万亩、0.38万吨和3.8亿元，均占全省50%左右，居全省之最，同时也是福建省最大的通心白莲出口基地。建宁县从建莲产业可赏、可食、可药、可品、可玩、可浴等的多功能性与多重价值出发，以一产为基础，“接二连三”，延伸产业链和价值链，探索了互联网+旅游、规模化生产与服务业结合，加工业与服务业结合等一系列新兴业态，推动多种形式的农村产业融合发展。目前建宁县电子商务、金融服务、现代物流等新兴服务业蓬勃发展，规模不断扩大。建立了闽赣省际电子商务产业园，培育了一批农产品电商企业，带动了建莲产品的销售。福建文鑫莲业股份有限公司2013年建立了建宁县莲缘电子商务有限公司，形成了B2B、B2C模式的网络销售平台，2013年实现电商销售5 000多万元。建宁县闽江源绿田实业投资发展有限公司创建观光工厂，成为省观光工厂评定委员会公示的首批33家“观光工厂”之一。2015年建宁县在经济开发区农产品加工园建设莲子组装式冷藏库19座，平衡了莲子等农产品季节性的供需矛盾，稳定了莲子的销售价格，使得莲子产品可在市场供应紧缺、价格理想阶段时出售，获取最佳效益。莲农增收，种莲积极性提高，推动了建宁莲子加工业的快速发展。而集中连片种植的荷花景观，又带动了当地以“莲”主题休闲旅游，实施了国家级农业旅游示范点建宁均口莲艺慢镇、省级特色乡村旅游示范点建宁香溪花谷·乐动高峰等一批乡村旅游景区景点建设项目，成功举办了第十届“海峡诗会”，建成中国建莲文化馆；带动了修竹人家、清华民宿成为中国乡村旅游金牌农家乐，修竹荷苑、莲海玉家入选全国乡村旅游精品线路。

建宁县享有“中国黄花梨之乡”和“中国梨产业龙头县”等荣誉称号，是我国长江以南各县（市、区）面积最大的黄花梨生产基地。2015年全县果树面积约12万亩，年产鲜果11万吨，实现产值3.12亿元。建宁县生产的早熟梨（黄花梨），与其他产区相比，具有成熟期早、品质优的特点，被授予福建省“名牌农产品”称号和认定为绿色食品A级产品，并获国家地理标志产品保护。目前建宁县黄花梨保鲜技术成熟，保鲜时间可达半年以上。

建宁是福建10个新兴旅游县之一，境内可开发的旅游景区、景点有20余处。国家级自然保护区有闽江源国家级自然保护区，国家级森林公园有闽江源国家森林公园，国家农业旅游示范点有修竹荷苑，国家重点文物保护单位有红一方面军司令部前委旧址（毛泽东、朱德旧居）、红一方面军总政治部旧址（周恩来旧居），省级文物保护单位有4处，省级历史文化名村有上坪古村1处，县级文物保护单位有13处。此外，具有潜力的自然和人文旅游资源还有泰宁世界地质公园重要组成区之一的金饶山（曾有“秀起东南第一巅”之美誉）、千年古刹报国寺、东海洋高山湿地公园等。“十二五”期间，建宁旅游业发展围绕打造“红色经典、绿色生态、田园风光”三大旅游品牌，走出了一条具有自身特色的旅游发展之路，全县游客接待量突破200万人次。中央苏区反“围剿”纪念园和闽江源生态旅游区获评国家4A级旅游景区，高峰村获评省四星级乡村旅游经营单位，并入选首批中国乡村旅游模范村，修竹荷苑被评为省级旅游特色村，莲艺慢镇入选文化和旅游部优选旅游项目库，修竹人家、林家福源、莲乡大观园、艾口大树下农庄、朋来农庄入选中国乡村旅游金牌农家乐。

近年来建宁县农业虽然在与第二、三产业融合上步伐有所加快，但总体上仍处在起步阶段，由于产业融合度不够，不仅在生产环节竞争力严重不足，而且在加工环节也面临着巨大的挑战。三次产业结构由2015年的22.4 ：51.1 ：26.5调整为2020年的13.5 ：56.5 ：30.0，第一产比重大幅下降，第二产业比重增加[1]。建宁虽被列入国家农村产业融合发展试点示范县，但目前县里尚未取得这方面的资金扶持。

二、案例比较与分析

（一）各案例经营情况

1. 案例A

公司成立于1993年，是一家以莲为主产业，集基地建设、科研开发、生产加工、销售为一体，并拥有自营进出口权的民营股份企业。在建宁县建有1.6万亩建莲生产基地、397.13亩有机建莲基地、1 000亩道地药材生产基地。已建厂房26 000平方米，拥有五条生产线。研发生产出与莲子、莲芯、莲秆、莲叶、莲蓬、莲藕等相关的蔬菜制品、方便食品、淀粉糖、水果制品、莲叶茶、固体饮料、婴幼儿及其他配方谷粉等八大系列100多种产品。建有两个商城平台：一个是集B2B、B2C模式以莲产品为主的在线农产品商城平台“618农业生活馆”，一个是集B2B、B2C、O2O和海淘模式以母婴产品为主的在线母婴产品商城平台“莲缘母婴商城”，以及在多个第三方平台开设专卖店的电商经营模式，同时为中小企业提供电商代理运营服务，即提供从品牌策划、产品规划、市场营销、网站维护与推广的“一站式”电子商务整体运营方案。在濉溪镇河东村、大元村、高峰村创建了莲子观光农业，带动莲农3 153户，户均增加收入1 000多元。

2. 案例B

B公司成立于2008年，以莲子产业链、规模化发展为目标，是目前集莲子和莲子饮料研究、开发和生产销售为主的高科技型企业、全国绿色食品示范企业、农业产业化省级重点龙头企业。公司已与建宁县9个乡镇27个村委合作建设莲子基地1.6万亩，与2 600多户农户签订种植、收购协议，以保证莲子加工的质量。公司占地面积40亩，厂房建筑面积3万多平方米，其中生产加工车间面积9 000平方米，低温冷冻库面积10 000平方米，保鲜库面积10 000平方米，库容量5 000吨以上，配套附属设施面积7 000平方米。从德国引进的冷冻设备及食品生产线年产量达10万吨，其中PET饮料的生产能力为18 000瓶/小时、易拉罐饮料生产能力为1.8吨/小时，速冻果蔬生产能力为4吨/小时。2015年9月公司获得“福建观光工厂”称号，游客可在园区的毛莲体验区感受纯手工去壳、去膜、通芯等非遗工艺，还可在干莲烘干区感受传统的鲜莲到干制品制作的过程，“莲”元素融入整个体验过程。2016年已成功开启2家“鲜莲生活馆”，产品线丰富，鲜榨莲子汁、莲子炖品、莲子甜品、莲子糕点等特色产品成为休闲养生餐饮的新科代表。公司正由传统型企业转型成为旅游观光企业、成为建宁旅游景点的一大特色产业。公司于2016年在新三板上市。

3. 案例C

公司成立于2013年底，目前已租赁黄花梨果山1 350亩（租赁期50年）、耕地300亩（租赁期30年）、山地600余亩（租赁期50年）。种植葡萄200亩，黄桃、柠檬、猕猴桃、樱桃、蓝莓、桑葚等水果170亩。已建成30亩种苗园，成功引种意大利酿酒葡萄品种30余种，意大利榨油橄榄、柠檬、樱桃等优良品种。观赏园已完成园区大门建设和3幢休闲小屋改造，新建观光长廊60米、休闲亭3座、观光平台150平方米。另已建成400平方米意大利餐吧，还在厦门市成立了主营建宁县农产品销售和葡萄酒销售的商贸有限公司，已建立了线上销售渠道。

预计总投资约7亿元，规划总面积5 000余亩，打造成三产融合的农业主题公园。计划葡萄种植基地1 000余亩，油橄榄种植基地1 000余亩，柠檬、樱桃、梨子等多样化果树种植2 700余亩。整个项目建成后，规划年生产能力葡萄酒达到100万支，橄榄油1 000吨。年接待游客50万人，可直接安排就业岗位1 500个，带动和发展葡萄种植户100户，橄榄种植户100户，年可实现各类经营收入5亿元，利税1亿元。

4. 案例D

D家庭农场于2014年注册成立。农场土地面积130亩、以家庭经营为主，经营范围包括粮食、果蔬、莲子种植、销售及农业休闲观光服务、住宿、餐饮。种植莲子50亩、果蔬30亩、花卉50亩，农场完成投资260万元，餐饮经营面积500平方米，可一次性提供游客用餐人数200～300人；客房23间，停车场面积1 500平方米，农场平时营业期间有服务员工12人，均为农村劳动力，忙时增加日用工人数30～40人。2014年经营总收入52.3万元，纯收入20.97万元，家庭人均纯收入3.5万元。

5. 案例E

E家庭农场成立于2016年4月，首次注册资金300万元，占地面积约400亩。该农场拟依托沙溪河自然的生态资源和风光，建成集种植、养殖、旅游休闲、观光、餐饮为一体的绿色生态园。目前农场共分为三大区域：一是生态种植区，即生态食材基地，种植以紫玉淮山为主的蔬菜50亩、薏米30亩、有机莲子50亩、有机大米20亩、本地黄豆20亩、紫薯10亩；二是生态养殖区，主要有田螺养殖50亩、稻花鱼养殖50亩、土家禽养殖15亩；三是旅游休闲观光区，总占地面积100亩，分为沙滩烧烤、休闲垂钓、抓鱼体验区。

（二）各案例比较与分析

1. 各案例负责人个人特征

A公司前董事长，现任公司股东，男，62岁，三明市工商联副会长、第九届、第十届全国人大代表、第十一、十二届福建省人大代表，先后获得“全国劳动模范”“全国农业科技先进工作者”“八闽慈善家”“福建省劳动模范”“福建省十大杰出青年农民”“福建省十大杰出青年企业家”“市模范纳税户”“三明市优秀青年企业家”等荣誉称号。B公司董事长为美籍华人，长期旅居美国，男，54岁；职业总经理，男，53岁。C公司总经理，男，56岁，意大利福建商会常务副会长，建宁县政协委员，建宁县工商联常委。D家庭农场主，女，45岁，大专文化，三明市第十一届、第十二届人大代表，2015年8月被国家旅游局评为“中国乡村旅游带头人”。E家庭农场主，男，45岁，大专文化。

2. 经营特征

五个案例中，A、B和C为企业，D和E为家庭农场。企业的经营面积可达5 000亩以上，而家庭农场的经营面积为130 ～ 400亩。各案例目前经营耕地主要靠土地流转。

各案例成立时间不一，时间最长的是案例A，已注册24年，最短的是案例E，仅1年。

资金贷款方面，A公司贷款2 000万元；B公司贷款1 000万元；C公司目前全是自有资金，没有贷款；D农场贷款50万元；E农场贷款15万元。

3. 销售状况

A公司有自己的线上线下销售系统，目前销售方面基本上没问题。B公司近年来遇到的困难主要是销售问题，在宣传方面比较薄弱，企业品牌知名度不高，宣传成本很大。C公司目前的大宗农产品主要是黄花梨，销售主要倾向于经纪人和批发市场。D农场的餐饮住宿是主营，自产的农产品供不应求。E农场刚成立不久，目前困难是销售渠道还没打开，产品销路不畅。

（三）案例启示

1. 都有带头能人

五个案例中，企业管理者均为长期经商或有职业管理人，有丰富的企业管理经验，家庭农场主相对年轻，学历较高。大多数经营主体负责人都是各级人大代表或政协委员，获得各种荣誉称号，对产业融合发展的重要作用都有深刻的认识。

2. 贷款偏难，土地流转价格高

目前农业经营不好贷款，只能以房产抵押贷款，农业经营主体普遍反映贷款难，特别是低（贴、免）息贷款。企业成立时间越长，贷款相对容易，家庭农场贷款相对较难。C公司目前全是自有资金，没有贷款，这是他们最大的困难所在，希望能获得政府的贴息贷款；D农场经营资金方面有困难，不好贷款，缺乏有效的风险抵押物，要担保；E农场贷款中的10万元是通过个人信誉（优秀共产党员）获得。

五个案例普遍反映土地流转有困难，价格高。

两个案例品牌知名度不够，销售上也存在一定困难。

3. 均未曾获得产业融合发展方面的财政扶持

据报道，从2015年10月以来，国家发改委在专项建设基金中设立了农村产业融合发展专项，到目前为止已经连续安排五批，累计推荐安排了专项建设资金460多亿元，支持项目900余个，带动社会投资4 000多亿元。福建省人民政府也出台《关于推进农村一二三产业融合发展的实施意见》。但目前作为全国137个农村产业融合发展试点县之一的建宁县尚无这方面的专项建设资金或财政支持。

三、对策建议

（一）培育乡村产业业态创新的新型经营主体

龙头企业和家庭农场等是产业融合发展的重要经营主体，要调动他们参与产业融合的积极性，向前延伸发展原料基地，借助基地发展以观光、采摘为主的休闲农业，同时发展流通业和餐饮业，开展多种形式的农村产业融合发展，形成多元化的新型农村产业融合主体，推进第一产业向二、三产业自然延伸，使农户共享融合发展的成果。优先安排新型经营主体作为实施单位，为他们独立申报、承接各类项目提供便利[2]。

引导农民以资金、土地经营权、交售农产品入社或入股发展加工流通，让农民参与一二三产业融合发展全过程，通过农业与其他产业功能互补，拓展农业的多功能性，打造连接农业、农产品加工业和服务业的新型农业产业形态。开展形式多样、内容丰富的职业农民培训，使他们既成为生产者，又成为经营者。

（二）完善对产业融合发展的补贴政策

现行农业补贴政策重生产轻销售、重普惠轻主体、重产量轻质量等，在农业与旅游、教育、文化等产业深度融合方面的扶持较少或基本没有[3]。应扩大对农村产业融合发展的财政补贴，如将农村电子商务智能终端设备、农产品储藏设备和休闲农业设施改造等纳入财政补贴目录。鼓励农产品流通方式和销售模式创新，探索并扶持“互联网+”和“绿色+”相结合的电子商务新型业态，推动电子商务与现代农业融合。支持农产品产地直销、农超对接、农企对接、农校对接等方式，加强对农产品品牌建设和营销推介的支持力度。

（三）完善融资、土地等支持政策

按照政府引导方式，设立由社会资本筹资的农村产业融合投资基金，探索政府与社会资本合作支持农村产业融合的方式。鼓励金融机构在农村率先试点，为农村产业融合提供资金支持和金融服务。设立农村产业融合发展企业债券专项，会同金融机构开发定制式的金融产品，支持地方设立产业投资基金，通过多种方式努力破解农村金融主体融资难、融资贵的难题[4]。完善用地保障机制，拓展设施农业用地的范围，保障农村产业融合发展用地。

参考文献

[1] 建宁县统计局. 2020年建宁县国民经济和社会发展统计公报.[OL].http：//www.fjjn.gov.cn/zwgk/tjxx/gmjjhshfztjxx/202211/t20221117_1847189.htm.

[2] 郝立丽，张滨. 新时期我国农村产业融合的发展模式与推进机制[J].学术交流，2016（7）：116-121.

[3] 卞靖. 产业融合发展背景下优化农业补贴体系研究[J].价格理论与实践，2015（6）：14-18.

[4] 夏荣静. 推进农村产业融合发展的探讨综述[J].经济研究参考，2016（30）：46-53.

图书在版编目（CIP）数据

乡村产业业态创新研究与实践 / 周琼著. —北京：中国农业出版社，2024.3
ISBN 978-7-109-31891-5

Ⅰ. ①乡… Ⅱ. ①周… Ⅲ. ①乡村—农业产业—产业发展—研究—福建 Ⅳ. ①F327.57

中国国家版本馆CIP数据核字（2024）第069937号

中国农业出版社出版
地址：北京市朝阳区麦子店街18号楼
邮编：100125
责任编辑：赵　刚
版式设计：王　晨　　责任校对：范　琳
印刷：北京通州皇家印刷厂
版次：2024年3月第1版
印次：2024年3月北京第1次印刷
发行：新华书店北京发行所
开本：720mm × 960mm　1/16
印张：12.25
字数：188千字
定价：88.00元